Sentidos da História

Dados Internacionais de Catalogação na Publicação (CIP)
(Câmara Brasileira do Livro, SP, Brasil)

Pegoraro, Olinto A.
  Sentidos da história : eterno retorno, destino, acaso, desígnio inteligente, progresso sem fim / Olinto A. Pegoraro. – Petrópolis, RJ : Vozes, 2011.
  Bibliografia
  ISBN 978-85-326-4187-8
  1. Acaso 2. Destino 3. Eterno retorno 4. História – Filosofia 5. Imanência (Filosofia) 6. Tempo e história 7. Tempo – Filosofia 8. Transcendência (Filosofia) 9. Universo I. Título.

11-07075 CDD-115

Índices para catálogo sistemático:
1. Tempo : Sentido do universo, da história e do homem : Filosofia   115

Olinto A. Pegoraro

Sentidos da história
Eterno retorno – Destino – Acaso – Desígnio inteligente – Progresso sem fim

Petrópolis

© 2011, Editora Vozes Ltda.
Rua Frei Luís, 100
25689-900 Petrópolis, RJ
Internet: http://www.vozes.com.br
Brasil

Todos os direitos reservados. Nenhuma parte desta obra poderá ser reproduzida ou transmitida por qualquer forma e/ou quaisquer meios (eletrônico ou mecânico, incluindo fotocópia e gravação) ou arquivada em qualquer sistema ou banco de dados sem permissão escrita da Editora.

Diretor editorial
Frei Antônio Moser

Editores
Aline dos Santos Carneiro
José Maria da Silva
Lídio Peretti
Marilac Loraine Oleniki

Secretário executivo
João Batista Kreuch

Editoração: Fernando Sergio Olivetti da Rocha
Projeto gráfico: Sheilandre Desenv. Gráfico
Capa: WM Designer

ISBN 978-85-326-4187-8

> Editado conforme o novo acordo ortográfico.

Este livro foi composto e impresso pela Editora Vozes Ltda.

Para Margarida Vieira, ordenadora incansável deste livro, sempre acolhedora, sorridente e disponível ao trabalho, sugerindo e criticando. Sem o seu apoio esta obra não existiria.

In memoriam de Maria Luiza P.F. Landim, maravilhosa companheira por 28 anos, cujo passamento sugeriu esta viagem pela história do tempo. Ela já percorreu toda a linha: passou, silenciosamente, da imanência à transcendência.

Agora é Presença-ausente; mas presença real e verdadeira, viva em espírito, que adverte, sugere e aplaude ao longo do meu caminhar ainda temporal.

O TEMPO

O Princípio no princípio criou o céu e a terra e todas as coisas simultaneamente (*omnia simul*). As coisas duram e a duração é o tempo das coisas, dos astros, das montanhas e dos abismos.
Senhor, então não existiu um tempo em que nada fizeste, porque o tempo é a duração de tuas criaturas; quando as criaste, criaste com elas sua duração longa ou breve.
Mas no homem o tempo é vivo: duração da minha alma que se distende para o passado como memória; distende-se para o futuro como desejo; ela é, pois, presente do passado e presente do futuro; ela mesma é presente que escorrega para o passado a cada instante que passa.
Santo Agostinho. *Confissões*, L.XI.

No princípio era...

O Tempo (*Logos* – Vida – Impulso – Fogo), brincando como criança, distribui todas as coisas, umas aqui outras ali.

Heráclito

A sabedoria, estabelecida antes de todos os tempos, saindo da boca do Altíssimo, criou todas as coisas, de um extremo ao outro, impondo as leis com firmeza e suavidade; aos humanos, porém, ensinou a viver segundo os caminhos da prudência: eu brincava na superfície da terra e me alegrava de estar junto aos homens.

Pr 8,22-36

A existência das coisas naturais e dos humanos é processo de temporalização ou do vir a ser de tudo; temporalidade é a duração das coisas (*Ayon*) que medimos com o metro de *Kronos*.

Heidegger

Se o universo é contido em si mesmo, sem borda ou fronteira, não teria começo ou fim: simplesmente seria. Neste caso, qual o lugar de um criador?

Se descobrirmos uma teoria completa, filósofos, cientistas e o público leigo tomariam parte na discussão de por que o universo e nós existimos. Se encontrarmos a resposta, seria o grande triunfo da razão humana, pois, então, conheceríamos a mente de Deus.

Stephen Hawking

Sumário

Introdução, 11

Parte I – Tempo, temporalidade e historicidade, 15

  1 Concepções do mundo, 17

  2 A flecha do tempo, 28

  3 O que sabemos do tempo e no tempo?, 31

  4 Temporalidade da ética, 39

  5 A história tem sentido? – Será o homem a dar sentido ao cosmos?, 50

Parte II – Os pensadores do tempo, 59

  6 Heráclito: tempo de descida e tempo de subida, 61

  7 Platão: a construção do universo, 73

  8 Estoicos: destino cósmico, 83

  9 Agostinho de Hipona: duas cidades, 105

Parte III – Transição para o tempo da liberdade e do progresso – Ética dos direitos universais, 131

  10 Vico: instauração da liberdade, 137

  11 Kant: segredos da natureza, 157

  12 Hegel: astúcias da razão e liberdade, 175

  13 Marx: filosofia da história social – Nova humanidade, 193

  14 Século XXI: tempo da ciência e do progresso – Trans-humanismo?, 217

  15 Progresso ou regresso?, 235

Conclusão – Três mundos partidos, 241

Referências, 247

Índice, 249

Introdução

Há milênios discute-se sobre o sentido como a principal questão da inteligência humana: que sentido fazem o universo, a vida de cada um de nós e a história que construímos tumultuadamente e com enormes dificuldades? Como amarrar estas três realidades e entender seu significado? Terá algum?
Ao longo dos séculos acumulamos teorias e doutrinas sobre estas perguntas: mitos, metafísicas, religiões, ciências e historiadores não ofereceram respostas suficientemente convincentes e seguras; por isso permanecem abertas ao debate e à pesquisa. Neste livro serão abordadas apenas algumas teorias filosóficas de Heráclito a Karl Marx.
A base destas teorias é o Tempo. Heráclito, por primeiro, entende o tempo como uma divindade, que produz todas as coisas, os deuses, o universo, os homens e a história: tudo é acontecer e perpétuo vir a ser; neste movimento eterno de nascimento, morte e renascimento está o sentido de cada coisa.
Marx trata do tempo da história humana, sempre conflituosa e dialética. Em especial, analisa o seu tempo, século XIX, como um tempo forte, um *Kairós* ou tempo da emergência de um fato novo na história, carregado de consequências duradouras: o início da industrialização do mundo. Os milênios passados foram todos artesanais; agora aparecem, no cenário da história; as máquinas e os meios de produção. Marx é o primeiro filósofo a intuir as consequências deste grande evento: a concentração do capital e a pauperização das massas operadoras das máquinas. O propósito do pensador é a socialização das riquezas para uma sociedade humanizada, isto é, sem classes divisionistas. Esta tese rendeu mais de um século de graves conflitos ideológicos e armados.

O tempo foi entendido de dois modos: tempo cíclico, durante milênios; tempo linear nas Idades Moderna e Contemporânea. A visão do universo, do homem e da história muda significativamente segundo adotemos o enfoque cíclico ou linear do tempo.

O tempo cíclico é mais abrangente porque envolve a relação entre imanência e transcendência, tempo e eternidade, início e fim, tempo originário e tempo teleológico; no tempo cíclico interferem, portanto, poderosas forças superiores que ultrapassam nossa capacidade de entendê-las. Mitos, metafísicas e religiões sempre tentaram penetrar nestas complexas relações.

O tempo linear toma em consideração somente o que acontece na imanência que é, de algum modo, controlável pelas filosofias e pelas ciências. O tempo linear é, por excelência, o tempo da ciência, como nos milênios passados foi da metafísica.

Foi Vico quem construiu a passagem de um tempo para outro. Depois dele, Kant, Hegel e Marx entenderam a transcendência como o "progresso no tempo histórico"; para a ciência, o universo está em expansão, bem como o homem e a história progridem indefinidamente, sem limites, com auxílio da tecnociência, do crescimento da cultura e globalização econômica (centrada em poucas mãos e das organizações mundiais em nossos dias).

Em síntese, sobre o sentido do universo, do homem e da história, a tradição filosófica construiu cinco teorias ao longo dos últimos milênios: o Eterno retorno, o Destino, o Acaso, o Plano inteligente (teorias que incluem referências à transcendência) e o Progresso sem fim (teoria que considera só a imanência).

Estas teorias colocam um problema suplementar curioso e polêmico: o homem está regredindo ou progredindo? Para muitos teólogos e filósofos, o ser humano, ao desconsiderar a transcendência, abandona sua referência fundamental, origem de todos os desvios humanos. Neste sentido estamos regredindo porque a convivência com a transcendência é uma necessidade ontológica de todo ser finito, em especial para o ser humano que é capaz de entender e intuir esta relação e o destino feliz que a transcendência lhe promete. Desconsiderá-la é reduzir a qualidade de nossa existência. Este é o pensamento dos teólogos e de algumas correntes filosóficas.

Para muitos outros, também crentes e filósofos, não é preciso abandonar a metafísica e a dimensão religiosa da história para ser pensador moderno. Não se trata de ignorar estes conteúdos profundos; o que precisa mudar é a linguagem, a maneira de discutir estas questões, o modo de aliar imanência e transcendência. As metafísicas clássicas foram construídas observando o mundo natural; são, portanto, anteriores às descobertas científicas e seus desdobramentos. A metafísica contemporânea parte das realidades deste mundo novo, construído pela mão humana. Nesta direção pensam cientistas como Francis Collins, Marcelo Gleiser e filósofos como John Haught. Para estes e tantos outros estudiosos, o fato de vivermos no tempo linear não implica a perda das referências transcendentais; implica, sim, a mudança de paradigmas culturais, diz Heidegger.

Finalmente, para um terceiro grupo, reduzido, de pensadores e cientistas, qualquer referência à transcendência é atraso e inexplicável retrocesso. Militantes persistentes do grupo são Richard Dawkins e Christopher Hitchens.

Hoje há importantes teólogos e filósofos crentes que dispensam o criacionismo radical segundo o qual Deus criou todas as leis da natureza e as governa diretamente. Para estes estudiosos, Deus é autor do ato criador da natureza que, desdobrando-se, produziu as leis de seu desenvolvimento. Este era o entendimento de Santo Agostinho, no século IV da nossa era (*Confissões*, L.XII-XIII). No ato criador está incluído o ser humano, único ser pensante que deverá governar o mundo pela ciência e técnica e a sociedade pela ética e política.

Portanto, é a liberdade criativa do homem que providencia as necessidades humanas e governa a sociedade e o mundo mais do que a providência de Deus. Com esta tese nega-se a providência divina? De modo algum. Apenas entende-se a Providência de outro modo, segundo um paradigma que abrange os progressos da evolução da vida, da história e do mundo.

Para chegar a esta compreensão é necessário que os estudiosos flexibilizem suas teorias filosóficas, científicas, religiosas, éticas etc. Sem esta flexibilidade, qualquer teoria fica velha em pouco tempo e perde a vigência. Por exemplo, a metafísica, hoje, entende que a pergunta pelo sentido do universo, do homem e da história é seu mais radical ponto de partida (e não as essências eternas como na antiga metafísica).

Muitos teólogos entenderam que não é mais possível trabalhar com modelos construídos antes do advento das ciências modernas. Os cientistas, flexíveis, mais que os filósofos e teólogos, entenderam, há muito, que suas teorias são efêmeras e que o melhor resultado de uma é abrir caminho para uma nova teoria científica.

Quando isto acontecer, então começará um grande diálogo entre os saberes para a utilidade de todos nós.

A presente obra move-se nesta atmosfera. Dois são os pontos básicos: a temporalidade e a compreensão do sentido do universo, do homem e da história; para esta compreensão temos três grandes referências: Platão para o mundo grego (cap. 7), Agostinho para a idade cristã (cap. 9) e Vico (cap. 10) para as eras moderna e contemporânea até o século XXI, quando o sentido do mundo e da história é construído pela ciência, técnica, política e a economia globalizada.

Percorre os conceitos de tempo e as teorias do sentido de maneira simples, direta e sem detalhamentos técnicos. No fim de cada capítulo há um breve extrato de textos dos autores discutidos. As epígrafes, na abertura dos capítulos, dão o sentido geral da teoria de cada autor. As figuras sintetizam a visão de universo do autor debatido no capítulo. Na primeira parte há ideias repetidas por terem sido desenvolvidas em circunstâncias e locais distintos.

A primeira parte trata do tempo em geral; a segunda aborda os pensadores do tempo cíclico, do tempo linear do progresso sem fim, e termina com o tempo da tecnociência, no século XXI.

Parte I

Tempo, temporalidade e historicidade

1
Concepções do mundo

1.1 Eterno retorno, destino, desígnio?

Como grandes pensadores, escolas filosóficas e religiões entenderam o mundo? Que acontecerá ao universo, ao homem e à história? Estaremos aqui por um tempo e depois retornaremos? Depois de quando? Será que somos livres, como nos parece, no dia a dia de nossas escolhas, ou estamos subordinados a um destino que tudo traça? Ou ao acaso onde tudo acontece aleatoriamente? Nós humanos e o universo estaremos sob o manto de uma inteligência ordenadora e bondosa?

Ou, ao invés de tudo isto, estamos entregues a nós mesmos, às nossas ciência, tecnologia, organização econômica, política e cultural em progresso contínuo, sem limites de crescimento e que nos leva ninguém sabe onde?

Para responder a estas perguntas, a inteligência humana construiu, ao longo dos séculos, cinco teorias principais: o eterno retorno do mundo, o destino, o acaso, o ordenamento inteligente e o progresso sem fim.

Não basta consultar um dicionário ou a internet para saber o que estes termos significam literalmente. É preciso entendê-los no contexto de uma filosofia ou de uma concepção do mundo e da história que envolve perguntas complexas como a finitude e a eternidade do universo, a relação entre imanência e transcendência, e entre liberdade humana e o determinismo das leis naturais. Nos capítulos seguintes estes temas aparecerão com algum detalhe. Por hora, basta-nos uma conceituação geral e clara dos temas centrais das cinco teorias:

a) O *eterno retorno* significa que no universo, que existe desde sempre em movimento rotativo, todas as coisas, divinas e humanas, nascem e renascem, aparecem e desaparecem de tempo em tempo. Já existimos milênios atrás; somos hoje o que fomos; desapareceremos de novo para novamente voltar. Dependendo das teorias, o ciclo do eterno retorno pode durar doze, dez ou oito mil anos. Também conforme as teorias, voltaremos a existir para nos aperfeiçoar (Platão), ou voltaremos idênticos ao que fomos em ciclos passados (estoicismo).

b) As *teorias do destino*, em geral, ocupam-se das leis que regem as coisas da natureza e da humanidade. A natureza é dotada de uma força fatal, causadora de todos os acontecimentos importantes ou não. Entendem que as leis da natureza são fixas, produzem sempre o mesmo resultado ou efeito.

A constante sucessão dos dias, das estações do ano, do movimento dos astros e do processamento da vida revelam a existência de leis que determinam quando e como tudo deve acontecer. O que está decretado acontecerá no tempo determinado e na maneira já estabelecida. Mas quem destina? Os deuses? A natureza?

Hoje sabemos pela ciência que a natureza também erra. Mas, para os defensores do destino, esta constatação empírica não invalida a teoria filosófica que prevê que os erros da natureza acontecem porque "estava determinado que iriam acontecer". Por exemplo, o erro da natureza ao produzir um feto anencefálico estava prescrito que devia acontecer nesta ou naquela mulher fatalmente.

Por tudo isto, a maior dificuldade das teorias do destino é o confronto com a liberdade. Sempre a liberdade humana transcendeu as leis da física e da biologia; sempre tivemos a possibilidade de agir contra as leis, de decidir entre levar uma vida justa ou injusta, de viver bem ou destruir-nos. Ademais, com o advento da tecnociência podemos contrariar a maior parte das leis da física e da biologia. As teorias do destino entenderam que esta é apenas uma aparência da liberdade: parece que decidimos agir de um modo ou de outro totalmente oposto, como é a opção pelo suicídio; mas isto é uma aparência de ação livre e decidida ponderadamente. De fato, porém, estava determinado, desde sempre, por forças incontroláveis que em tal momento da sua história você tomaria a decisão que tomou porque "tudo o que acontece já estava escrito que devia acontecer e do modo como aconteceu de fato".

Enfim, o universo é conduzido por uma força causal incontrolável: é a causação total e absoluta. Serão forças cegas? Inteligentes? Ou simples leis físicas? O espaço do exercício da liberdade é mínimo; ato de liberdade é reconhecer a lei e submeter-se; liberdade é aceitação do destino: decido submeter-me.

c) O *acaso* é a teoria diametralmente oposta ao destino. Sustenta que não existem causas eficientes, pois tudo acontece aleatoriamente. Por exemplo, nós não existiríamos do modo que existimos se nossos pais não tivessem tido uma relação sexual naquela hora, naquele instante, e este esperma não tivesse penetrado no óvulo naquele instante. O mesmo raciocínio vale para os pais do casal, nossos avós, e assim por diante, passando por muitas gerações. Então somos de fato filhos do acaso biológico.

Mas, a partir da Antiguidade, Aristóteles, no *Tratado da natureza* (Livro II, 2), sustenta que "o acaso também é uma causa"; uma causação provocada por uma conjugação de circunstâncias diferentes. Por exemplo, um cidadão decidiu ir ao mercado comprar alimentos; um outro, ao mesmo tempo, decidiu ir ao mesmo mercado e na mesma hora para encontrar alguns colegas de trabalho. Sucede que o segundo cidadão devia um dinheiro ao primeiro. Aproveitou o encontro casual e nada planejado para saldar o débito. Isto é, o encontro fortuito causou o resgate; o pagamento aconteceu por causa do encontro nada planejado. Também para os pensadores modernos e contemporâneos não existe o puro acaso, ausência de causas, mas a confluência de várias causas ao mesmo tempo em que, juntas, produzem um efeito não planejado e muito menos esperado.

d) *A providência*. Como vimos, para os estoicos, é a natureza que tudo providencia, até os mínimos detalhes, todos os acontecimentos naturais e humanos. É uma providência puramente imanente, intracósmica. O cristianismo, que surgiu em plena expansão do estoicismo e neoplatonismo, aos poucos substituiu o férreo determinismo da providência estoica pela providência totalmente transcendente e extracósmica, acima das forças naturais (providência sobrenatural).

Deus tudo criou e tudo governa pela sabedoria. Desta doutrina, os antigos pensadores fizeram uma bela síntese inspirada no livro de Provérbios (8,22-36): "a sabedoria saiu da boca do Altíssimo e tudo criou, de um extremo a outro, ordenando tudo com força e suavidade; aos humanos, porém, ensinou a bem viver e escolher os caminhos da prudência". Portanto, a força criadora colocou leis inalteráveis na natureza, e ao ser humano, que é sua imagem, ensinou a bem conduzir-se na vida, o que leva o nome de virtude da prudência. Esta teoria concilia a Providência que ditou as leis da natureza com a liberdade da criatura humana. Esta doutrina não é tão pacífica porque no homem operam duas leis: a da natureza estável e a da inteligência livre para reger-se. Como conciliar em mim as leis biológicas com as leis da liberdade?

e) *O progresso sem fim*. É a teoria moderna e contemporânea do mundo, da história e do homem. Vejamos esta teoria com mais vagar. As quatro teorias anteriores incluíam, de algum modo, a referência à transcendência, referência a algo permanente, para além da mobilidade do mundo sublunar. A Modernidade fixou-se no mundo imanente, um poderoso auxílio da ciência. A partir dos séculos XVI-XVII, a filosofia liberta-se da tutela da metafísica medieval e se torna filosofia crítica das possibilidades da razão imanente.

A ciência tornou-se plenamente independente de teólogos e filósofos e dedicou-se com grande sucesso à descoberta das leis da natureza. Pelo mesmo caminho entrou a psicologia, para a qual as questões da simplicidade, espiritualidade e imortalidade de alma deixaram de ser prioritárias, pouco a pouco tornou-se experimental. Mais surpreendente foi a ética que deixou de ser heterônoma (vinda de fora, da natureza ou de Deus) para tornar-se autônoma: liberdade autolegislativa. Isto é, agora será a razão livre que estabelece a norma da moralidade que orienta todos os comportamentos: o homem traça seu destino.

Portanto, as principais teorias filosóficas da Modernidade não incluem o tema da transcendência como na Antiguidade; ocupam-se apenas com a flecha do tempo progressivo; a transcendência intracósmica é o progresso, o crescimento cultural, econômico e político.

Por isso a filosofia perdeu a globalidade e se limitou a construir teorias parciais tais como a teoria crítica da razão (Descartes e Kant), teoria da história como progresso da liberdade (Hegel) e a teoria da nova sociedade sem classes (Marx). A tese da Providência foi "laicizada" pela teoria da "astúcia da razão" (Hegel) e pela teoria do "desígnio secreto da natureza" (Kant). Quem conduz a história é a razão que "astuciosamente se serve das nossas vaidades individuais para produzir resultados gerais e positivos. Segundo Kant, a Razão detém "um plano secreto" de desenvolvimento humano social e político que acontece muito lentamente por causa da "dificuldade de compatibilizar a convivência das liberdades". Com "este lenho torto que é o homem será muito difícil construir uma sociedade perfeita e justa".

Enfim, todos os saberes se desenvolveram exponencialmente e fecharam o ser humano na imanência cósmica à procura de um sentido para o mundo, para a história e para si mesmo.

Notadamente nos últimos dois séculos ganhou força o entendimento que o sentido do mundo está no progresso indefinido, impulsionado pela tecnociência que produz artefatos e objetos de consumo, pelas organizações culturais, econômicas, sociais e políticas em dimensão planetária. Enfim, alimenta-nos a ideia de um progresso sem fim, num universo em expansão. O novo milênio nasceu sob esta ótica e a ONU traçou algumas metas para melhorar a vida humana nas próximas décadas.

Segundo esta teoria, a transcendência é linear, está em progredir sempre mais em bem-estar material pela criação de utilidades e resultados positivos.

Este livro tratará, ainda que brevemente, destas cinco teorias sobre o sentido do universo, da história e do homem.

A pergunta pelo sentido é tão radical que nenhuma teoria responde satisfatoriamente: temos apenas especulações: mitológicas, religiosas, metafísicas, históricas e científicas. São todos saberes abertos a novas indagações.

Estas teorias têm uma fundamental e ontológica relação com o tempo. Todas as coisas são intrinsecamente temporais; muito mais que estar no tempo, mais que estar no tempo elas são tempo ou duração da coisa (dimensão ontológica) no tempo (o calendário ou "metro"). Explicitando. Como ensinaram Heráclito, Agostinho, Bergson e Heidegger, as coisas fluem, isto é, "estão sempre acontecendo", estão-sendo. Somos todos seres-fluentes (esta é nossa composição de fundo, ontológica). Nós e todas as coisas temporais fluímos no tempo (contábil e mensurável do calendário). Assim dizemos na linguagem ordinária: tal pessoa durou trinta anos (estendeu-se por trinta anos), tal outra durou noventa. O tempo contábil é o do calendário ou tempo ordinário. Heidegger desenvolve magistralmente esta teoria. Enfim, o tempo ordinário é o "metro" da duração das coisas.

Duas são as direções do tempo: circular e linear. Por isso, todas as coisas do universo movem-se em círculo ou em linha, em flecha. Assim, segundo a doutrina de Heráclito, Platão, Plotino, os estoicos e o cristianismo, cada uma a seu modo, entende o mundo como um círculo de descida e subida no ponto inicial. Neste modelo, imanência cósmica e transcendência, tempo e eternidade, humanos e divinos convivem, interagem ora descendo ora subindo pela escada do tempo.

A Idade Moderna, a partir de Vico, adotou o modelo linear do tempo no qual o comércio entre transcendência e imanência cede lugar ao progresso no tempo impulsionado pelo desenvolvimento da ciência e da técnica. Hoje, neste início de milênio, a tecnociência influi mais do que as metafísicas e as religiões. Vivemos no tempo da imanência sem apelo à transcendência.

Porém, os antigos modelos circulares estão presentes nos modelos lineares através da ética que trata da conduta da vida visando a felicidade e não apenas a prosperidade e o progresso material do bem-estar. Pela via ética o ser humano entende que o progresso científico, material, cultural, social incessante e sem limites não responde a todas as indagações da vida, da história e do mundo, pois bem-estar e felicidade são realidades muito distintas.

1.2 Tempo e história

O tempo sempre desafiou a mente humana que se assusta com sua inexorabilidade e irreversibilidade: *irreparabile fugit tempus*, diziam os estoicos romanos. Somos impelidos, contra nossa vontade, a avançar em meses, anos, décadas; e ninguém consegue voltar e recuperar um dia sequer de seu passado e nem dizer, ao certo, o que acontecerá nos próximos meses.

Para se aliviar da fugacidade do tempo de vida, muitas vezes o homem recorreu aos mitos e às teorias do eterno retorno: os mitos prometem uma vida além desta passageira; as doutrinas do retorno garantem que aqui voltaremos. Os estoicos acreditavam, inspirados no platonismo, na palingenesia ou no retorno cíclico das mesmas coisas, dos mesmos acontecimentos e especialmente o retorno das mesmas pessoas. Esta teoria parecia-lhes comprovada por fatos naturais que se repetem regularmente como as estações do ano, a rotação dos astros, do sol, da lua e o retorno do ciclo menstrual. Tudo isto sugere a existência de uma ordem no universo cíclica, de ida e de volta em tempo certo.

Enfim, os mundos grego, romano e judeu-cristão sempre admitiram a relação do tempo imanente com um "tempo misterioso" e transcendente: entre o tempo e a eternidade há um "comércio" e troca de relações e influências.

As doutrinas circulares cederam lugar às teorias modernas e científicas do tempo físico e mensurável matematicamente. O tempo é uma coisa independente como todas as outras: é uma quantidade. O tempo perdeu o mistério; virou uma coisa entre as outras.

Newton, no fim do século XVII, provou a importância capital do tempo no estudo das leis do universo, e assim o definiu: "o tempo é absoluto (independente), verdadeiro, matemático e flui sempre igual por si mesmo e por sua natureza, sem relação com nenhuma coisa externa" (*Princípios matemáticos da filosofia natural*. Coleção Os Pensadores da Abril Cultural). A hipótese de Newton é de que os corpos se movem no espaço e tempo, em trajetórias calculáveis segundo leis matemáticas precisas. Representação deste mundo científico é a imagem do relógio: o universo funciona como um imenso relógio, no qual todas as engrenagens funcionam perfeitamente, umas movendo as outras. Deus é o sábio relojoeiro desta totalidade racional e matemática. Existe, pois, um só tempo universal que tudo abarca e tudo mede com exatidão. Este conceito de tempo universal, rígido e absoluto durou dois séculos sem contestação significativa.

No início do século XX A. Einstein anunciou a tese de "um tempo intrinsecamente flexível". Não existe o tempo único de Newton, mas o tempo depende de como os corpos se movem: o tempo é, portanto, relativo. Ao invés de um único relógio cósmico, vários tipos de relógios serviriam para medir tempos diferentes! A teoria de Einstein, um século após sua formulação, ainda deixa em aberto muitas questões; até hoje não temos uma compreensão plenamente satisfatória da natureza do tempo tanto para físicos como para filósofos.

Em síntese, os gregos imaginaram um mundo ordenado, harmonioso, belo e, por isso mesmo, podia ser decifrado e entendido pela razão humana. Sempre entenderam a partir de Heráclito, que um componente radical do cosmos é o tempo, como impulso, vida e movimento originário. Há um tempo para começar, um tempo para acabar e um tempo para recomeçar: é o tempo cíclico.

Na tradição bíblica, o tempo é cíclico, com início e retorno à origem, mas sem retorno. Ao longo do tempo realiza-se um plano eterno. O mundo foi criado por Deus, que criou também o homem e o encarregou de administrar o mundo maravilhoso do Éden, começando por dar nome a todas as criaturas. Na sequência da criação vem o fracasso do homem, a promessa de perdão, a redenção, e tudo termina com o julgamento final seguido da vida eterna para os humanos.

Os cientistas também entraram nesta especulação; no século XIX descobriu-se as leis da termodinâmica que apontam para uma desagregação final. Este seria o destino dos sistemas fechados: o retorno ao caos ou "a morte térmica do universo". Então o universo não é um relógio perfeito, mas uma "máquina térmica" que funciona até que o combustível termine. Enfim, a termodinâmica aponta que a flecha do tempo, com o aumento da entropia, segue um rumo "descendente" irreversível.

Uma teoria mais otimista voltou quando o naturalista Darwin publicou *A origem das espécies*, onde sustenta que a vida apareceu em forma de micro-organismos muito primitivos que se desdobraram em novas formas até que o processo produziu o homem; temos então a "escala progressiva" da vida desde as bactérias até a inteligência. A teoria biológica interessou também aos filósofos. Nas primeiras décadas do século XX o pensador Henry Bergson escreveu uma admirável obra filosófica sobre a evolução, *L'Evolution creatrice*, na qual defende a vida como duração (*Durée*), que evolui "até explodir em pensamento e produzir a plena vida amorosa e divina".

Outros cientistas preferem explicar a evolução e o progresso pela teoria da auto-organização da natureza que gera realidades sempre mais complexas por auto-organização espontânea. O processo auto-organizacional tem um subproduto, a entropia; portanto, a progressividade e ordem sempre maior da vida pagam um preço mortal. Porém, apesar da gangorra de subida e descida, de vida e morte do mundo físico e biológico, o universo como totalidade permanece constante, sem fim, eterno.

Resumindo: o tempo em flecha ou em ciclos sugere as seguintes concepções do universo:

1.2.1 *Universo cíclico*

O universo cíclico dos antigos não tem um início nem um fim absoluto; ele é eterno, em eterno movimento rotativo de aparecer e desaparecer, de viver e morrer. Esta teoria deve muito aos mitos, à metafísica e às convicções religiosas que estabeleciam um comércio entre deuses e homens.

1.2.2 Universo bíblico

Também na visão bíblica o mundo se move no tempo cíclico, mas sem retorno. Com efeito, o Novo Testamento afirma que o Verbo desceu da eternidade ao tempo para viver entre os mortais na figura de Jesus, que, assassinado, ressuscitou e voltou à eternidade, donde novamente voltará ao tempo para julgar o universo, quando "começará um reino sem fim". Nesta esperança, todos os cristãos também ressuscitarão e voltarão a viver "no mundo que há de vir", como diz a confissão de fé do Concílio niceno-constantinopolitano.

Portanto, o universo é cíclico, desce da eternidade ao tempo, e a ela voltará; mas "um dia" terminará definitivamente, quando "depois de destruído o último inimigo, a morte, tudo será submetido por Jesus à glória do Senhor".

A concepção cíclica da fé cristã foi descrita por Tomás de Aquino de forma grandiosa na segunda parte da *Summa teologica*: "Depois de ter tratado do Exemplar eterno [Deus], devemos abordar o que se refere à criatura feita à sua imagem, isto é, o homem livre e senhor de seus atos. Precisamos primeiro considerar o fim eterno da vida humana e, depois, interrogar-nos como o homem temporal alcança o fim eterno ou dele se afasta" (ST. I-II Prólogo). Antes dele, Santo Agostinho, em *A Cidade de Deus* fizera uma maravilhosa exposição sobre as duas cidades, celeste e terrestre, e como elas convivem (*A Cidade de Deus*, L.XIV).

1.2.3 Universo da morte térmica

Muito diferente é a teoria científica que defende a tese de um universo que teve início num passado indefinido, progride até alcançar o topo do desenvolvimento e em seguida decairá até a morte térmica.

1.2.4 Universo estacionário

A teoria do universo estacionário defende que os processos de degeneração são compensados por novos aparecimentos, fatos e acontecimentos; o universo, portanto, como totalidade, permanece indefinidamente. Esta última teoria é a mais estudada e pesquisada hoje. Aceita-se que o universo teve início no *big-bang*, mas é um processo aberto que progride sem fim. Aqui não há mais a consideração da finitude do mundo; o homem atual quer progredir sempre, e para isto se serve dos instrumentos poderosos da ciência, da tecnologia e dos avanços em biologia.

2
A FLECHA DO TEMPO

Os antigos usavam três termos para designar o tempo: *Kronos*, *Kairós* e *Ayon*. *Kronos* é nosso tempo cronológico, tempo que ordena sucessivamente os fatos da história, tempo medido pelo relógio e pelos calendários.

Kairós é o tempo forte, marcante, tempo dos grandes acontecimentos da humanidade como a fundação de Roma, o advento de Jesus, a Revolução Francesa, a viagem à Lua e o mapeamento do nosso genoma. São fatos que iniciam um novo tempo.

Ayon é a duração da vida, a continuidade na existência que Bergson denominou *Durée*. Tempo é a intensidade da vida; viver longamente não significa viver por muitos anos, mas viver muito intensamente: "viveu longamente quem viveu bem", diz um ditado dos romanos (*diu vixit qui bene vixit*).

Na história do pensamento, os filósofos consideraram a flecha do tempo em três segmentos: a) o tempo originário, primordial inacessível ao nosso saber; b) o tempo histórico no qual vivemos e construímos todas as nossas ciências; c) o tempo teleológico, dos acontecimentos finais da vida, da história humana e do cosmos, ao qual, igualmente, não temos acesso a não ser por hipóteses, crenças, oráculos e adivinhação. Portanto, a flecha do tempo não é dada por inteiro, mas acontece a partir de uma arcana obscuridade e desemboca, finalmente, no mítico Tártaro, depois dos milênios da história. Acompanhemos algumas teorias sobre este mistério.

Heráclito, por primeiro, entendeu o tempo como fundamento de tudo o que existe. Tempo é impulso, mobilidade, vida e *logos* primordial. Podemos então imaginar que "no início era o tempo e a vida". Ou seja, a realidade é mobilidade e energia como hoje os cientistas comprovam pelo estudo do mundo subatômico. Retenhamos, pois, a grande intuição de Heráclito: "tudo se move como as águas do rio".

Aristóteles, nos livros da *Física* e *Metafísica*, desclassificou esta ideia e elencou o tempo na lista dos acidentes, uma simples "contagem de movimentos locais segundo o antes e o depois". Na estrada, antes estamos no início, depois no meio e finalmente chegamos ao fim.

No século IV da Era Cristã, Santo Agostinho, no famoso livro XI das *Confissões*, questiona o conceito de tempo quando se pergunta: "o que Deus fazia antes da criação". Como seria absurdo pensar um antes e depois em Deus, Agostinho intuiu que o tempo é algo mais profundo e radical: "É a duração (*duratio*) das coisas criadas"; no homem, "tempo é uma distensão da alma" (*tempus est distentio animi*). Para Agostinho, portanto, o tempo é nosso próprio espírito que se distende em passado (memória), em futuro, desejo (*expectatio*) unidos na situação presente da vida de cada um. Portanto, o tempo agostiniano é fundamentalmente psicológico: tempo é o acontecer da nossa vida.

Outra vez, esta grande ideia perdeu-se com o advento da escolástica na Idade Média, especialmente no século XIII com Tomás de Aquino, que voltou ao conceito aristotélico que considera o tempo uma mera contagem dos movimentos cósmicos e históricos: um calendário.

Mas, como diz Heidegger, uma intuição "filosófica original não morre, oculta-se por um certo período". De fato, foi preciso esperar o século XX para que a filosofia voltasse à intuição agostiniana e heracliteana do tempo. A mais famosa obra filosófica do século passado foi publicada em 1927 por Heidegger sob o título *Ser e tempo*.

O título da obra é também uma epígrafe que resume o livro todo: tudo o que existe é temporalidade, a existência em processo de vir a ser. Tempo significa, pois, que as "coisas são, e duram", um "processo de temporalização".

Então, todas as coisas "fluem como as águas do rio". O antes e o depois aristotélico é o tempo ordinário, a contagem do calendário: antes é janeiro, depois, fevereiro, junho e dezembro; é assim que contamos os séculos e "nossos longos ou curtos anos". O tempo originário, pelo contrário, é impulso primordial, vida, movimento, *logos*.

O resgate deste conceito fundamental deu enorme dinamicidade à filosofia fenomenológica e existencial: ganhou o apoio dos cientistas, que entendem o mundo subatômico como energia; também ganhou o apoio de alguns setores da teologia que, à luz do tempo, interpretaram e flexibilizaram doutrinas transmitidas como dogmas fixos. As coisas, doutrinas filosóficas, religiosas e científicas fluem; são formulações de curta durabilidade como todas as coisas do universo.

3
O QUE SABEMOS DO TEMPO E NO TEMPO?

Aprofundemos o que se disse anteriormente sobre o processo temporal. Geralmente distinguem-se três segmentos: o tempo originário, o tempo histórico e o tempo teleológico.

a) O tempo originário, arcano e misterioso, só é acessível por hipóteses, imaginações e narrações. As mitologias antigas acederam ao tempo das origens através de narrações muito lindas e imaginosas do começo do mundo e da vida. As teogonias estão longe de ser um saber falso, superado e sepultado. Ainda hoje elas são úteis aos cientistas e filósofos.

A metafísica grega penetrou no tempo arcano pela teoria da matéria e da forma. Isto é, todas as coisas naturais são a junção de um princípio negativo e de outro positivo. O primeiro, é o princípio da indeterminação: é caótico; o segundo, é o princípio da determinação, da especificação e da ordem das coisas. Todos os seres naturais surgem, portanto, do caos material e da ordem formal. Todos descendemos da mesma matéria, o mineral, o vegetal e o animal, o homem e os deuses. Nossa diferenciação vem da forma ordenadora; assim, o mineral é matéria inerte, o vegetal é matéria vivente, o animal é matéria sensitiva, e o homem é matéria pensante (*res cogitans* de Descartes). Somos matéria da espécie pensante. Os deuses são formas puras (sem matéria). É assim que Aristóteles, na *Física* e na *Metafísica*, "explica" a origem do universo: somos sempre a mesma matéria existente em formas diferentes.

As grandes religiões acedem ao tempo originário através da palavra de seus profetas que falaram em nome da divindade. Exemplo marcante é a primeira página da Bíblia que descreve como Deus criou o mundo, todas as formas de vida e de suas inúmeras espécies. Entre estas criaturas o homem mereceu destaque particular, porque foi feito com muito cuidado, "feito à imagem e semelhança de Deus". Foi posto como guardião deste mundo paradisíaco com a missão de "se multiplicar e dominar a terra e todos os animais que nela vivem". Mas este projeto divino fracassou, pois, ao tentar igualar-se a Deus, o homem foi punido, expulso e condenado a nascer ignorante, inclinado aos erros e vícios; só com muito esforço conseguirá algum conhecimento por tentativas e erros (Gn 1-3).

A ciência moderna não oferece uma explicação do mundo originário mais convincente e evidente que as anteriores. Ela procede por hipóteses. Sendo a mais recente a do *big-bang*. Teria havido uma grande explosão inicial que foi se ordenando ao longo de milhões de séculos até ganhar a ordem atual. Com esta hipótese puderam ser explicados muitos fenômenos da natureza que as teses anteriores não puderam explicar.

Portanto, sobre "as coisas" do tempo originário não temos nenhuma evidência, mas apenas narrações míticas, teorias metafísicas, narrativas proféticas e hipóteses científicas. Nós, que vivemos no tempo histórico, tentamos lançar um olhar, pelo menos imaginativo, para dentro do mundo obscuro do tempo originário donde todas as coisas descendem.

b) O tempo histórico são os milênios que medeiam entre a origem e o *telos* cósmico. É neste espaço que se situa nossa ciência física, filosófica, religiosa e histórica. São nossas principais maneiras de entender a matéria, a vida, as peripécias da história humana e as confissões religiosas. No tempo histórico sabemos um pouco mais e mais claramente do que no tempo originário. Mas também aqui não temos o saber consumado e definitivo de nada, de nenhum setor da realidade. É isto que dinamiza a pesquisa: saber sempre mais, fazer mais claridade, ir sempre mais a fundo no conhecimento do mundo físico, biológico, histórico, religioso e filosófico. O saber enfrenta as limitações de cada um de nós e a infinitude do universo. As evidências de hoje servem apenas para avançar mais na pesquisa da obscuridade que ainda resta pela frente. Não temos, portanto, nenhum saber pleno, completo e definitivamente acabado. Um saber deste tipo seria confissão de não saber: um dogmatismo verbal, sem conteúdo real.

3.1 Tempo e saber

Façamos aqui uma pausa para analisar algumas perguntas, antes de falar do *telos*.

Por que não podemos construir um saber definitivo? Seria por causa da imensidão macro-micro do cosmos? Seria por causa da nossa limitação? Por tudo isto e mais a flecha do tempo. A existência, o ser, a realidade são tempo, mobilidade, instabilidade pura acontecendo. Diz a sentença de Heráclito: "nenhum homem molha-se duas vezes no mesmo rio". A correnteza na qual me molho neste instante já avançou para o momento e lugar seguinte. Assim é a existência: o fluir das coisas. Nosso saber nunca levantará uma barreira tão forte e alta que represe o fluir do existir da realidade. Por isso, além dos limites do homem e da infinitude da tarefa, é preciso recordar que somos tempo, duração, o mais radical dos limites porque é ontológico: realidade fluente que não podemos deter, delimitar, definir.

Portanto, o tempo desestabiliza todas as nossas construções doutrinárias, os dogmatismos filosóficos, religiosos e científicos. Aplicando esta dimensão ontológica do tempo às nossas ciências: a física e a química nunca acabarão de nos explicar a composição, a dinâmica e o que as coisas são. A pergunta pelo "o que a coisa é", que pertenceu por 25 séculos à metafísica, hoje pertence à física e química, ciências que estão sempre se refazendo após novas descobertas da comunidade científica.

A dinamicidade da ciência experimental é mais evidente na biologia que estuda o fluir da vida. É nas formas da vida que se mostra a torrente da existência. Como pôde surgir a vida da complexidade da realidade física e química? O que é finalmente a vida? Existirá em outros planetas alguma forma de vida? São perguntas para muitas gerações de teóricos da biologia. Enfim, a física, química e biologia são ciências experimentais que tratam do mundo físico e de suas leis. Este é seu limite: o mundo físico e o biológico.

A história é ciência documental; é o setor da ciência que se ocupa das peripécias humanas, das tramas políticas e práticas sociais ao longo dos séculos. Sua cientificidade está na credibilidade dos documentos. Quanto mais próximos dos acontecimentos, maiores são as probabilidades de serem corretos. Permanece, entretanto, na obscuridade a interpretação do conjunto dos fatos de uma época, de um século e de um milênio. Muitos historiadores e filósofos da história tentaram encontrar um fio condutor que estabeleça um pouco de ordem e coerência nos fatos da história humana que avança dialeticamente, com contradições, alternando momentos de grandeza e prosperidade com épocas de decadência e miséria. O estudo da arqueologia dos acontecimentos humanos ajuda as novas gerações a projetar o seu futuro. Por isso, a história é "mestra da vida", diziam os antigos sábios. Os acertos e erros passados projetam alguma luz, alguma orientação para os novos tempos. Por exemplo, a Revolução Francesa não é um fato perdido lá atrás; pelo contrário, ela continua desdobrando-se hoje em novas liberdades, direitos e configurações políticas. Por isso, a Revolução Francesa não tem uma explicação cabal, mas é entendida sempre de outro modo.

A filosofia é uma ciência sapiencial ou a ciência da globalidade, do sentido profundo do mundo, do homem e da história. Enquanto a ciência, a biologia e a história humana se ocupam de setores da realidade, a filosofia trata dos fundamentos e significado de tudo isto em conjunto. É o amor da sabedoria, da sapiência como busca das primeiras causas e fins últimos do universo. A busca, nem certa e nem errada, é apenas uma interpretação, entre outras, do sentido das coisas visíveis e invisíveis, das coisas do tempo originário, histórico e teleológico. Portanto, as teorias filosóficas não são verdadeiras e nem falsas, mas são coerentes ou incoerentes, mais ou menos abrangentes de todo o existir cósmico. Neste sentido, Platão e seu discípulo Aristóteles nos brindaram com as teorias mais abrangentes até hoje produzidas. Nos tempos modernos, a teoria da história de Hegel é apenas um eco daquelas dos mestres gregos.

Outra ciência sapiencial é a fé como adesão confiante à palavra dos profetas; a teologia nada mais é que uma interpretação humana desta palavra. As teologias constroem sistemas dogmáticos, morais e celebrativos para as comunidades que acederem a esta ou aquela fé. Esta é sistematizada em religião pela autoridade dos teólogos e dos chefes religiosos. Portanto, as religiões nada têm de divino, mas são sistematizações teóricas e cultuais da fé na palavra profética. Entretanto, a teologia não tem mais peso e autoridade que as ciências, a história, a filosofia e os mitos. É um discurso em pé de igualdade. Também na teologia *"tantum valent auctoritates quantum argumenta"*, ensina Tomás de Aquino.

Em conclusão, as ciências sapienciais, filosofia e teologia, são teorias que vão e vêm, que ora se aproximam e ora se afastam de uma possível interpretação do mundo e da história.

Heidegger, e antes dele Nietzsche, propunha a "destruição destes castelos doutrinários". "Destruição" não quer dizer "incendiar" o passado, mas sim da "reinterpretação" e releitura da metafísica e da teologia à luz dos avanços atuais do saber humano. Heidegger desenvolve amplamente esta ideia em *Ser e tempo* e na conferência *O fim da filosofia*. No mesmo sentido, refere-se à teologia em várias passagens de suas obras. Não se trata de "decretar" a eliminação do saber sapiencial, mas sim pensá-lo à luz das realidades contemporâneas.

3.2 Teleologia

c) Finalmente, a terceira dimensão de tempo é o *telos*, a teleologia. É o tempo da realização do processo histórico numa dimensão para além da continuidade temporal: uma realização final e feliz, ou não.

Para Aristóteles, o *telos* é histórico; o *telos* do homem é a "felicidade numa sociedade justa". Esta é a meta da história para ele: a plena realização do ser dotado de razão. O universo existe em função deste supremo momento. Platão e tantos outros pensadores gregos entendem que o mundo é eterno e roda sobre si mesmo desde sempre. Quando chega à plenitude, ao *telos*, acaba para voltar a ser o "Mesmo" alguns milênios depois, 10 ou 12, conforme as teorias: é o eterno retorno. Os mitos e a filosofia platônica tratam amplamente da teleologia do mundo, e especialmente do tipo de vida que o homem levará no Tártaro durante os milênios de espera para retornar ao mundo histórico. Por isso, o *telos* é trans-histórico e é tão obscuro quanto o tempo originário. Dele nada sabemos que possa ser aceito pelas ciências do tempo histórico.

Neste "lugar" trans-histórico a teoria cristã situou o julgamento, seguido da condenação para os que viveram injustamente no tempo, e da eterna felicidade para os justos, um pouco como Platão imaginou no *Timeu*. Segundo Santo Agostinho, seria "a posse simultânea e perfeita da vida interminável" que corresponde ao conceito de eternidade.

Disso tudo, não é possível nenhuma ciência, mas só crença. Reflexões filosóficas são possíveis. Por exemplo, o princípio de tudo é também o fim de tudo; o alfa é também o ômega, pois entre estes dois polos não há intervalo. Se o existir é duração (impulso e vida), então ele está presente por igual, no início e no fim. O início é também o fim, pois o universo é existência fluindo. Na teoria platônica o fluir da existência continua no tempo teleológico, e seu destino é retornar ao tempo histórico. Na teoria cristã o existir teleológico não voltará, mas continuará na fonte divina que o criou e à qual ele voltou. Tudo isto, diz São Paulo, "é visível como enigma", como "num espelho deteriorado, que produz imagem ofuscada".

3.3 Conclusão

Nossa ciência no espaço temporal é pouca, nada evidente, nada estável; sobretudo, nada sabemos de preciso a respeito das perguntas mais radicais: a origem e o fim do universo, da história e do ser humano. Isto não justifica atitudes pessimistas; pelo contrário, nossas ciências temporais fazem sempre mais luz sobre o enigma do mundo. Em milênios passados, tudo atribuímos aos "mistérios divinos", desde os trovões até as origens e transmissão da vida. Hoje estes mistérios diminuíram muito e sabemos que recuarão cada vez mais. Alcançaremos "a sabedoria da ciência do bem e do mal", como a serpente prometeu a Adão e Eva? Não; apenas esperamos decifrar a "linguagem da divindade" pela análise científica do mundo físico, biológico e pela interpretação do sentido da história, pelas filosofias e religiões.

Uma especial reflexão merece o domínio da ciência, hoje em evidência máxima. Nós vivemos no tempo da aliança da pesquisa científica com a produção tecnológica que transformou o mundo natural e fabricou uma variedade infinita de objetos, máquinas e instrumentos que vieram melhorar a qualidade da vida do ser humano. Por exemplo, a sociedade passou do telefone fixo ao celular, da televisão ao computador. Tudo isto criou uma imensa rede de comunicação que fez do mundo uma aldeia pequenina na qual todos podem saber tudo o que nela se passa. Nem falemos dos avanços na biologia que alongou bastante a vida do ser humano com conforto, qualidade, boa saúde e mil facilidades, como as centrais nucleares que iluminam cidades e países. Nem sempre foi assim. No início, a física nuclear nada tinha de prático; era física fundamental, teórica. Há apenas 200 anos a tecnologia fecundou estes conhecimentos, produzindo todas estas utilidades e facilidades. Tudo está ainda no começo. A física teórica tornou-se útil ao homem especialmente no século XX; o século XXI promete avanços espetaculares sobretudo na biologia.

Infelizmente há que considerar o lado sinistro do casamento da teoria com a tecnologia, que resultou em armamentos atômicos – um efeito perverso e contrário à intuição inicial.

Daí a necessidade da vigilância em escala mundial para garantir a aliança da ciência, ética e legislação planetária. Todo este progresso será excelente se o homem for referência, a intenção primeira, a finalidade deste processo, pois a tecnociência existe para servir à vida e ao meio ambiente e nunca vice-versa.

Nunca será demais insistir nesta tese, pois a ciência e a técnica são fabricação humana para beneficiar a vida, a saúde e o bem-estar dos seres humanos e de outros viventes. A intenção ética é a finalidade maior dos avanços científicos. É por isso que, como veremos no capítulo seguinte, o juízo ético quanto ao uso dos produtos científicos e tecnológicos cabe, em última instância, à decisão política da sociedade organizada e democrática.

Ao contrário, o uso arbitrário dos produtos científicos, mostra-o a história recente, produz milhões de mortos, fome e desordem mundial.

Fig. 1

4
TEMPORALIDADE DA ÉTICA

Como todos os saberes, também a ética é temporal: uma tentativa, sempre provisória, de ordenar e orientar os comportamentos humanos. Como entender a temporalidade da ética? Será ela mutável como toda a ciência? Teremos uma norma ética para cada tempo? É esta a questão de fundo que discutiremos nas páginas seguintes. Na realidade, não se pretende criar uma ética para cada pessoa e para cada tempo. O que importa é elaborar uma ética sempre em dia com os acontecimentos pessoais, sociopolíticos e científicos, uma ética que se renova sempre sem sacrificar os critérios fundamentais da eticidade: uma ética temporal, evolutiva.

Sabemos que a ciência contemporânea ocupa o lugar que a metafísica e a teologia ocuparam nos séculos passados. A única ciência no mundo antigo era a metafísica, que imaginava ter alcançado os supremos princípios estáveis das coisas; era o conhecimento perfeito e mais radical da íntima constituição das coisas: a essência.

A Era Cristã aprofundou a teoria grega. A teologia acreditou ter feito plena luz, encontrando a verdade definitiva sobre o homem e o mundo que foram criados e são presididos pela Providência Divina. Isto a ciência grega não tinha condições de saber. *A Cidade de Deus* de Agostinho de Hipona e a *Suma teológica* de Tomás de Aquino são a expressão máxima da aliança entre metafísica e teologia.

Atualmente, esta santa aliança foi substituída por outra: a aliança leiga entre a ciência e a tecnologia. O lugar da clarividência é ocupado pelo mundo científico, instalado acima da ética, da metafísica e das crenças religiosas. Alguns cientistas acreditam que a ciência chegará ao conhecimento total e definitivo de tudo e que outros saberes são apenas suposições. Este entusiasmo hiperbólico tem alguma base, pois a ciência que se baseia em fatos comprovados, e não em ideologias, vai de sucesso em sucesso, de explicação em explicação. Porém, grande número de cientistas, como Stephen Hawking, sabe que isto não passa de um mero entusiasmo.

4.1 Ciência e ética

Esta posição é correta no sentido de que a ciência tem seus próprios princípios e métodos e não depende de outro saber para constituir-se. Mas a ciência, ao proclamar-se independente de qualquer princípio metafísico, ético ou religioso, não é independente de critérios de controle interno e externo. De fato, a pesquisa científica obedece a um regulamento, a um regimento ético, construído pelos próprios pesquisadores. Qual é este regulamento? Em suas linhas básicas consiste no seguinte: 1) a pesquisa segue uma metodologia de controle rigoroso; 2) o pesquisador honesto apresenta os resultados, positivos ou adversos, a seus pares; 3) cabe à comunidade científica criticar, adotar ou não os resultados; 4) a pesquisa tem por fim beneficiar a vida, especialmente a humana, promover o bem-estar, a saúde, o progresso e o desenvolvimento sustentável. Esta é a ética interna dos pesquisadores. Ela se completará na ética externa, pois o cientista e a pesquisa estão integrados numa realidade mais ampla, a sociedade organizada.

É na finalidade da pesquisa científica, que intervém a reflexão externa, mais ampla, que a ética interna não comporta. A ética, por seu lado, é um saber filosófico, abstrato, que parte sempre do princípio sapiencial, e teórico, do bem, conforme ensinam Platão, Aristóteles e todas as teorias éticas.

Este princípio geral conjuga-se com um segundo, o bem para esta forma de vida, nesta situação de tempo, espaço e circunstâncias reais e históricas; o bem para esta situação ambiental castigada, deteriorada. Então, a ética trabalha sempre com dois princípios, da generalidade sapiencial e da particularidade circunstancial, objetiva, situada no mundo real, temporal, mutável: sempre novas são as circunstâncias da vida.

Desta maneira, a ética é sempre atual, renova-se, torna-se nova em cada situação; está sempre renascendo dos acontecimentos da vida, da ciência, da história e das situações que os homens constroem. É evidente que este tipo de ética não é um conjunto de princípios e normas deduzidos de uma visão metafísica e aplicados ao mundo real; pelo contrário, ele nasce da síntese do princípio da generalidade com o da particularidade, à luz do que acontece com a vida, com o ambiente e com a história humana.

Este tipo de ética convive com qualquer avanço científico; é capaz de formar um juízo ético pertinente com a realidade do mundo que acontece hoje, respeitando integralmente a liberdade da pesquisa científica.

O juízo ético, porém, é apenas o juízo de um filósofo ou de uma corrente de pensadores, ainda sem incidência decisiva sobre os acontecimentos do mundo e dos homens. É apenas um modo de pensar eticamente os fatos históricos e os avanços técnico-científicos.

Portanto, aos princípios da generalidade e da particularidade, falta acrescentar um terceiro, que é a sociedade organizada em torno de leis sociopolíticas. Portanto, as leis da sociedade conferem consistência objetiva à ética interna à pesquisa científica, e à ética filosófica.

Concretamente, o legislador define o uso dos resultados científicos pela sociedade. A lei é, portanto, o momento da plenitude do juízo ético. Por exemplo, a ciência revela as vantagens da pesquisa com células-tronco embrionárias; a ética confirma que tal pesquisa é conforme aos princípios da generalidade e particularidade. A lei determina as situações em que ela pode ser usada. Outro exemplo: a biotecnociência mostra a possibilidade da reprodução assistida; os princípios éticos mostram a moralidade do procedimento; o legislador define os casos em que pode ser aplicada, pois nem todo o resultado da pesquisa deve, obrigatoriamente, ser usado.

Em consequência, a pesquisa é absolutamente livre quando se guia pelos princípios éticos internos; mas a aplicação de seus resultados, o uso do produto científico, depende da legislação sociopolítica. A sociedade, em certo momento da sua cultura e convicções éticas, pode resistir ao uso dos resultados científicos, por exemplo, da clonagem. Pode ser que, em outra situação histórica, venha a ser aceito. É isto que acontece na evolução da ética dos costumes, tradições e hábitos, como veremos adiante.

A esta concepção tripartite entre ciência, ética e legislação política, a filosofia contemporânea deu o nome de ética prudencial.

4.2 Ética prudencial

"A inteligência é nossa energia mais excelente e divina", diz Aristóteles (*Ética*, X, 7). Ela opera em dois sentidos: a) quando investiga a estrutura radical das coisas, a essência, faz ciência, gera saber; segundo os gregos é o saber último e metafísico; por isso ela é denominada Sofia (*sapientia*, em latim); é sabedoria teórica que penetra na radicalidade do micro e do macrocosmos; b) no segundo sentido, a inteligência orienta nossas escolhas comportamentais: é sabedoria prática que leva, agora, o nome *defronesis* (*prudentia* em latim; prudência, em nossa língua). Duas dimensões, sabedoria e prudência, que nos distinguem essencialmente do resto das criaturas e nos "aproximam da divindade". A sabedoria prática orienta a liberdade fazer escolhas equilibradas, ponderadas, equidistantes dos extremos para mais ou para menos: mostra-nos sempre o meio-termo. A ética contemporânea chama esta teoria "ética prudencial", que não parte de regras fixas, mas de escolhas equilibradas, segundo as circunstâncias de cada ação.

Para Aristóteles, não há regras éticas, doutrinas traçadas, uma vez por todas. A grande regra é a referência, o recurso ao *fronimos*, ao homem sábio, prudente "experimentado nos negócios humanos", diz o Estagirita no livro VI da *Ética*. A experiência passada e vivida indica, de algum modo, o caminho ético a seguir. Em outras palavras, a experiência, indica o "meio-termo" dos nossos comportamentos, a maneira equilibrada de decidir e de agir. A experiência histórica do sábio dirá o que convém fazer nas situações incertas; ele apontará o meio-termo virtuoso entre dois extremos viciosos. Exemplo clássico é a coragem, situada a meio caminho entre a covardia e a temeridade. Esta busca é a alma da *Ética a Nicômaco*.

Os filósofos estoicos romanos traduziram a ética do equilíbrio pelo princípio: "nada em excesso" (*ne quid nimis*). O meio-termo equilibrado não é matemático, mas proporcional a cada pessoa. Aristóteles dá o exemplo da comida: se o atleta precisa de quatro porções e o cidadão comum, de duas, o meio-termo não é três. Isto é, o meio-termo é a média conveniente e adequada a cada pessoa, a cada um. Como o dietista estabelece a proporcionalidade alimentar, assim o sábio define a medida da ação moral. Esta ideia fundamental, que flexibiliza a ética segundo a condição humana, perdeu-se e foi substituída pelos preceitos morais estabelecidos pela autoridade especialmente no campo religioso.

Resumindo: a prudência é "um atalho" da ética; existem na vida situações raras, complicadas, que a ética geral não abrange. Nestes casos recorre-se ao conselho e à experiência do "sábio em fatos humanos". A ética prudencial é, hoje, de enorme importância.

Uma aplicação desta teoria foi feita recentemente pelo Supremo Tribunal Federal, quando definiu as circunstâncias e situações nas quais a pesquisa com células-tronco embrionárias é legítima. É uma definição equilibrada, conveniente às condições culturais desta nossa sociedade. Outras sociedades tomaram posições mais avançadas e outras mantêm a proibição deste tipo de tecnociência. O juízo ético e legal baseia-se, portanto, na condição humana de cada comunidade política em dado momento de sua história.

A principal objeção a esta teoria ética é o perigo de cair no relativismo. Mas que é o relativismo senão um dogmatismo às avessas? É uma atitude radical segundo a qual nada é verdadeiro nem falso; nada é bom nem mau; para esta argumentação não há nenhum sentido na ética. Este tipo de relativismo, na verdade, querendo criticar a moral absoluta, abstrata, dada para sempre, cai em outro extremo.

Ora, desde muito tempo sabemos que não existem verdades e morais deste tipo. Pelo contrário, a fenomenologia trata da verdade e da moral situadas no tempo; a verdade e a eticidade são relativas às circunstâncias, situações e condições temporais. No limite destas condições, a verdade e o princípio moral são, de fato, verdadeiros e éticos. Como no curso do tempo histórico nunca é possível captar "toda" a verdade, formamos um conceito da verdade e moralidade adequado à condição atual. Portanto, verdade e moralidade existem, mas provisoriamente, disponíveis na prática da vida e do saber.

4.3 Ética relacional

A teoria prudencial da ética pode ser apresentada, de modo mais simples, como ética relacional que se funda nas relações entre as pessoas. Imaginemos um triângulo. No primeiro ângulo está o eu que se relaciona com o segundo, onde está o tu (o outro). A ética é a relação eu-tu que se reconhecem iguais em dignidade: e, sendo inteligentes e livres, tratam-se com justiça mútua. Então a relação funda nossa convivência humana. Todos começamos numa relação biológica amorosa. A relação mãe-feto, dizem psicólogos e cientistas, é essencial na constituição da personalidade da criança, do jovem e do adulto. As relações familiares se alargam na escola, na vida social, profissional e política. Numa palavra, a personalidade humana é um conjunto de relações sociais ao invés de ser uma essência; são as relações que fazem, e constroem nossa existência, nosso eu ético.

A ética consiste, portanto, nestas relações e não num conjunto de normas e princípios. Assim, a ética é e está sempre viva, renascendo em cada relação humana. A relação positiva entre pessoas é a base da ética. As relações negativas são antiéticas.

As relações éticas se consolidam nos hábitos pessoais, costumes coletivos, nas tradições seculares que a autoridade competente fixará em leis. Portanto, no terceiro ângulo está a lei que consolida os costumes. A constituição de um país é a fixação e o ordenamento das tradições, hábitos e costumes de um povo num dado momento de sua história: é o manual ético de uma nação. Antes da lei havia a selvageria, onde sobrevivia o mais forte e esperto.

Aqui aparece um conflito: enquanto as leis fixam os costumes, a vida dinâmica cria novos hábitos e novos costumes aparecem, crescem e vão se impondo aos antigos. Por exemplo, o casamento era indissolúvel antigamente. Os costumes evoluíram e foi necessário que a lei abrangesse situações novas para que o divórcio se tornasse legal. O mesmo se diga do aborto, da eutanásia, reprodução assistida e toda a gama de comportamentos pessoais e sociais.

Portanto, a lei envelhece e o costume cresce sempre, diversifica-se. Será necessário que a lei se renove, isto é, precisa tornar-se outra vez nova, atual, adequada aos costumes atuais. Não se trata de destruir a lei, mas de reformá-la, dar-lhe nova forma. Como se faz isto? Retornando ao primeiro ângulo (eu) e ao segundo (tu), isto é, a renovação da lei se faz a partir dos novos costumes que nascem da relação viva eu-tu em sociedade.

Então a ética relacional é um movimento vivo e triangular (eu-tu-nós-eu). É uma ética flexível tanto quanto a ética prudencial. Sirva de exemplo a lei que permite o aborto em dois casos apenas; o costume e a evolução científica mostram a necessidade de incluir na lei um terceiro caso, o da anencefalia.

4.4 Ética planetária

Hoje a ética não pode limitar-se às relações entre pessoas e às relações sociopolíticas dentro do mesmo país. Constantemente os cientistas anunciam novas descobertas e avanços tecnocientíficos desconhecidos desde milênios. Por exemplo, a biotecnologia é, de fato, uma revolução importante e anuncia melhorias da vida humana e da vida social; parece que a felicidade e o progresso sem fim estão ao alcance de nosso momento histórico mundial. A clonagem, os organismos geneticamente modificados, a reprodução assistida e a pesquisa com células-tronco acenam para a humanidade com uma longevidade saudável só imaginada pelas mitologias e livros de ficção que acenavam com a vida eterna aqui e agora. Numa palavra, a ciência domina cada vez mais as obscuridades da natureza e revela segredos até hoje ocultos e atribuídos a forças divinas, às leis eternas transpostas na natureza.

Por um lado, aplaudimos estes avanços; por outro, nos assustamos perguntando: para onde nos leva a tecnociência? Em que resultará a contínua ultrapassagem dos limites da natureza? Estas perguntas sugerem a necessidade de uma instância política de regulamentação. Já que a tecnociência e biociência são planetárias, torna-se necessária uma política mundial que proponha às nações um padrão ético comum quanto ao uso dos resultados da pesquisa, sobretudo em relação aos seres humanos; sente-se cada vez mais a importância da mundialização da ética e da política em relação à pesquisa científica. Por exemplo, hoje vivemos as consequências da exploração abusiva da natureza, devastada e poluída. Ademais, a história recente registra o funesto uso da ciência, subordinada à ideologia política dos estados nazistas e armamentistas (guerra fria). Este tipo de uso do progresso científico demanda uma regulamentação mundial mais clara do que as resoluções disponíveis. Os compromissos políticos avançam muito tímidos. Basta lembrar as controvérsias sobre o protocolo de Kioto e de Copenhague.

Em vista disto, há grupos e entidades que exigem condições de segurança absolutas que garantam a pesquisa com "risco zero". Ora, risco zero é impossível; os perigos são reduzidos e controlados pela ciência conjugada com a ética e a legislação com estatuto democrático. Isto reduz os riscos, sem eliminá-los.

A informação correta ajuda a reduzir os riscos. Os cidadãos do mundo têm direito à informação sobre os avanços e usos da ciência. As medidas internacionais ajudam a evitar o perigo do uso ideológico da ciência e limitar os interesses econômicos que acompanham a pesquisa. Muitas áreas da pesquisa são de empresas privadas que escapam do controle das instituições públicas legais. Por exemplo, o bem da humanidade e de todas as formas de vida não é o principal interesse de muitos laboratórios da indústria farmacêutica. Querem, antes de tudo, o patenteamento dos resultados para obter o maior lucro possível com a exclusividade da produção.

Daí surge a necessidade de uma gestão ético-política da pesquisa, sobretudo em seres humanos, e da democratização universal dos resultados da pesquisa. Esta foi a atitude ética positiva adotada no final dos anos de 1990 a respeito do mapeamento do genoma humano. A comissão de cientistas, oficial e pública chegou, ao mesmo tempo em que uma empresa particular, a Celera, ao resultado final publicando-o na internet, à disposição da humanidade e não de uma empresa ávida por patenteamento de medicamentos e técnicas curativas.

Tudo isto coloca um limite ético no sonho da Modernidade, de dominação da natureza pelo poder ilimitado da tecnociência; a manipulação da pesquisa científica, que periga ser subordinada e cooptada pelos interesses econômicos e bélicos poderosíssimos.

Como contornar estes conflitos? Como equacionar lucratividade, bem humano e meio ambiente necessário à expansão das formas de vida? Já apontei acima o caminho da ética e ciência conjugadas com uma legislação mundial firme e compromissada. Embora em ritmo lento, há alguns passos já dados. Três são as pistas mais discutidas. A primeira sugere o princípio ético da precaução (*Vorsorgeprincip*) defendido primeiro por pensadores alemães desde os anos de 1980. O princípio simplesmente propõe que se tomem as "medidas razoáveis" para diminuir a importância exclusiva da lucratividade na pesquisa e para reduzir os riscos da mesma. Este resultado seria alcançado pela tomada de consciência sobre as responsabilidades éticas da pesquisa em relação à vida, à humanidade atual, às gerações futuras e à biodiversidade. Para obter esta conscientização dos pesquisadores e empresas seriam promovidos debates locais e internacionais. Estes debates resultaram, em 1982, na belíssima *Carta mundial sobre a natureza*, que trata do meio ambiente, ecossistema, equilíbrio biológico, qualidade do ar e da água como "bens comuns da humanidade". Como o princípio ético da precaução atua num universo ainda incerto, em um porvir com possibilidade de riscos hipotéticos e potenciais, os pesquisadores se impõem o dever ético de tomar as "medidas razoáveis para limitar as chances de riscos". É um bom esforço para criar uma consciência ética comprometida com a preservação da natureza atual e futura.

A segunda tentativa é a da prevenção dos riscos na pesquisa a qualquer preço. O princípio exige o controle dos riscos já conhecidos como foi, em 1986, o caso da usina nuclear de Tchernobil. Há que evitar, a todo custo, qualquer risco. Mas como criar um mundo sem risco? Não existe ato médico, pesquisa científica ou experiência tecnológica (um voo espacial tripulado) com risco zero. Mas os tecnófobos fazem do controle dos riscos um dogma ético irrecusável. É claro que esta segunda tentativa ética é inaceitável pela comunidade dos pesquisadores voltados para a criatividade e o progresso tecnológico. Seria o abuso autoritário das normas de controle da pesquisa.

Finalmente, a terceira tentativa ética ganha espaço e credibilidade. Tenta conciliar, congregar os legítimos interesses dos cientistas e pesquisadores com as exigências de respeito à vida e à comunidade política. O que é bom para a ciência não é necessariamente bom para a sociedade, e vice-versa. O duplo interesse, da ciência e da sociedade, não se exclui; pelo contrário, ambos querem o mesmo objetivo: criar melhores condições para os seres vivos com preservação do meio ambiente.

Esta soma de interesses alcança-se pelo diálogo entre as partes nos comitês de bioética. Esta é a plataforma encontrada pelos cientistas e eticistas em todo o mundo. Muitos juízes já tomaram medidas legais que orientam o debate entre pesquisa científica e padrões éticos convenientes para toda a comunidade política. Sobre este tipo de diálogo existem importantes documentos internacionais, como a Declaração de Helsinki e a Carta da Terra. Sobretudo a pesquisa sobre seres humanos obedece, no mundo inteiro, a padrões exigidos pelos comitês de bioética. Estas e tantas outras tentativas visam conjugar responsabilidade ética e política para criar um destino biológico e ecológico dignos da inteligência. Como se vê, esta terceira tentativa ética amplia a primeira, dando-lhe um caráter mais político e um controle mais firme.

4.5 Conclusão

Sempre se procurou padrões éticos, desde os gregos até os bioeticistas. Vimos, neste capítulo, como as questões éticas se alargaram da ética exclusiva para o ser humano (ética greco-cristã e moderna) até tornarem-se planetárias: "ética da justiça, da solidariedade e da paz antropocósmica". Para chegar a tamanha abrangência foi preciso introduzir na ética o conceito de temporalidade, que a flexibilizou enormemente. A ética flexível não é ética de tolerância, mas de referência aos princípios da universalidade e da particularidade conjugados com a legislação democrática. Esta é a base das éticas prudencial e relacional que abrangem toda a gama de comportamentos pessoais e sociais; estendem-se igualmente à pesquisa científica que se subordina (sem subserviência) às teorias bioéticas, travando um grande diálogo ético científico para o bem humano e do meio ambiente.

Ética da solidariedade, justiça e paz antropocósmica

Fig. 2

5
A HISTÓRIA TEM SENTIDO?
Será o homem a dar sentido ao cosmos?

....

5.1 Três perguntas

A pergunta central da metafísica contemporânea é esta: qual o sentido da existência em geral e do ser humano em particular? A questão é metafísica porque trata de "coisas" que estão além da realidade física; o sentido é uma organização das coisas e da vida feita pela mente; desta questão trataram sábios como Aristóteles, Platão e cristãos da envergadura de Agostinho de Hipona; dela discute-se hoje nas escolas filosóficas e no dia a dia da vida das pessoas.

Em *Ser e tempo* Heidegger discute em profundidade este tema: "não se trata de saber o que as coisas são em si (essências), mas como se relacionam formando uma totalidade com sentido". Assim, o ser humano não é apenas a essência, "animal racional", que existe em si e por si como ensinava a metafísica antiga; esta definição faz do homem e de cada ser uma realidade completa, acabada e separada. Em lugar disto, hoje entendemos o homem como existência com os outros, "um-ser-no-mundo", ou seja, a "relação com" é constitutiva da nossa existência. Em síntese, não somos uma essência (em si), mas existência que se constrói nas relações: "somos um ser relacional", um "ser-aberto".

É na relação que o homem e as coisas formam uma totalidade com sentido. Uma mesa mostra seu sentido quando ocupada por uma pessoa que nela trabalha ou organiza uma refeição. Nós e as coisas nos revelamos nestes arranjos ou organizações.

A relação, portanto, "revela o ser das coisas", para que elas servem. Um martelo seria uma peça inútil se não houvesse pregos ou um trabalhador para usá-lo. O sentido dele aparece quando o trabalhador, batendo, fixa o prego na parede para sustentar uma obra de arte. O trabalhador, o martelo, a obra de arte e a parede formam um todo com sentido. Assim é no exemplo da sala ordenada para um fim. À mesma sala podemos dar vários sentidos ou arranjos: sala de aula, sala de música, de dança, de teatro ou cinema. Cada um destes arranjos de móveis, mesas, cadeiras e paredes forma um conjunto de coisas adequado a um fim: tudo ali faz sentido. Não faz sentido passar um filme de comédia na hora de uma aula de metafísica, ou seria desordem, um não sentido, que alguém executasse a 5ª Sinfonia de Beethoven durante uma conferência. Esta maravilhosa obra musical não se compõe, não faz sentido nessa hora e nesse lugar.

O sentido está, pois, no ordenamento da sala em função de tal ou qual evento. Tudo isto supõe um ordenador que pensa como distribuir os móveis segundo o projeto que se quer realizar: a finalidade que se quer alcançar comanda o ordenamento da sala com sentido.

Ordenar coisas e objetos segundo um fim é fácil. Mas entre os seres a serem ordenados está um que pensa, entende e toma decisões; diz-se livre e obedece ao plano se ele quiser. Portanto, nós, entre todos os seres da natureza, somos a coisa mais difícil de colocar num conjunto ordenado. Só ele pode rebelar-se contra o plano ou fazer outro.

Será que o "imenso salão cósmico" obedece a um ordenamento deste tipo? Terá o universo estrelado, os mares e a natureza na qual estamos mergulhados algum sentido? Terá algum sentido a história tão caótica que a humanidade passada e presente construíram? E cada um de nós, seres humanos, que sentido fazemos na imensa solidão do universo?

Podemos adiantar três tipos de resposta:
1) O universo, a história e cada pessoa têm uma inteligibilidade, e vivem num mundo que obedece a um desígnio superior que tudo encaminha para uma meta precisa: tudo faz

sentido; pelo exercício da inteligência, o homem descobre o sentido do universo;

2) Ao contrário, muitos sábios entendem que o mundo e especialmente a história humana é um amontoado de fatos caóticos, acontecimentos desastrosos como desastres da natureza, guerras, exploração do ser humano pela concentração de riquezas, ódio entre os povos e pessoas: nada faz sentido;

3) Um terceiro modo de responder à questão é: quem dá sentido ao mundo é a inteligência humana através da filosofia, da ciência e da política. Por isso, não é necessário imaginar que há, por trás de tudo, um ordenador transcendente. Tomados em si mesmos, o universo, a história e o homem não fazem sentido; o sentido não está embutido nas coisas; mas ele é uma leitura mental que fazemos: é o nosso "olhar" que faz o sentido do que está ao nosso redor.

Desdobremos a terceira resposta. Desde sempre o homem vê um dia suceder a outro dia; os anos começam, terminam e voltam a começar em permanente rotação. O universo gira há bilhões de anos num espantoso silêncio. A natureza viva, planta ou animal, repete sempre o mesmo ciclo: nasce, floresce, dá frutos e prole, dos quais renasce o mesmo ciclo: para quê? Todas estas coisas nada respondem, não sabem que existem e para quê. Mas numa das coisas da natureza explodiu a inteligência; com ela acendeu-se uma grande luz que dissipou a escuridão do caos e iluminou o mundo com muito mais fulgor que o sol. A inteligência, diziam os antigos, é "uma centelha divina" que tomou conta do ser humano, pela qual entende o universo e lhe dá sentido; entende e ordena o caos através da ciência física, química e biológica; ordena o cosmos com teorias, filosofias, economias e doutrinas religiosas; a inteligência humana invoca deuses a nos ajudarem a entender o mundo; constrói civilizações; cria línguas, matemáticas e metafísicas para penetrar nas regiões arcanas onde se ocultam "os arquétipos" da Verdade, da Justiça, do Belo e do Bem que governam o mundo. Numa palavra, quando explodiu a inteligência, começou o sentido da história universal; a inteligência responde às perguntas acima colocadas e não o universo mudo. Hegel foi o campeão moderno destas ideias.

Agora, à pergunta inicial: "tudo isto faz algum sentido?", a resposta fica mais fácil: nada no universo faz sentido em si. Quem confere sentido é nossa inteligência que "lê" e entende as coisas do homem, da história e da natureza a partir de um ponto de vista ou de uma "chave" de interpretação. A Bíblia exprime este conceito dizendo que "Deus mandou o homem dar nome a todas as coisas". Somos os guardiões do universo.

Se existe um deus que fez o mundo com um desígnio nós não sabemos; mas sabemos que as coisas têm o sentido que nós lhes conferimos: sei que sentido dou à minha vida; tentamos dar melhor sentido à história contemporânea através da política e das organizações mundiais; pela ciência ordenamos o mundo segundo nossos interesses: fazemos aviões para voar mais longe que qualquer pássaro; construímos navios que nos levam a mundos novos; sondas espaciais pelas quais alcançamos os astros vizinhos e longínquos; industrializamos tudo, até os alimentos, para conservá-los mais longamente nos mercados. A inteligência não cessa de inventar, criar e descobrir sentidos.

Mas isto não é tudo. Vivemos num ciclo vertiginoso de produção de coisas, ofertas de consumo, de bem-estar e conforto. Este surto criativo gera sérios problemas: para onde vai a civilização global, equalizada pela indústria, consumismo e tecnociência? Que faremos do homem quando dominarmos os segredos da biologia? Construiremos um outro modo de ser humano? Como entender os constantes conflitos locais e mundiais? Estas perguntas embaraçam nossa mente. Parece que estamos à deriva, sem rumo, à mercê de nossos desejos de progresso, de dominação da natureza e da sociedade.

Portanto, o homem dá e faz o sentido de si, da história e do cosmo; ao mesmo tempo, espalha o não sentido com guerras, exploração, ódio e morte; ele espalha não sentido na política e na vida dos indivíduos e povos: o criador do sentido gera também o não sentido quando perde as grandes referências éticas e metafísicas da existência.

A tese do sentido não exclui que haja uma inteligência que "no princípio criou o céu e a terra", e criou também a inteligência para que desse sentido a tudo. A realidade "informe e caótica" evoluiu por sua força interna, desdobrou-se durante bilhões de anos até alcançar a forma atual. Cabe à nossa inteligência descobrir como isto aconteceu; desta maneira, com estas leis físicas e biológicas; podemos atribuir um sentido a cada coisa e à totalidade com mais segurança: mais entendemos a origem das coisas pela ciência e mais segura fica a atribuição de sentido.

Isto sempre fizeram as religiões pelos seus profetas, as teorias cosmológicas pelos filósofos, as teorias científicas pelos pesquisadores e as tradições míticas através de narrações.

Não é necessário que uma divindade criadora tenha colocado na natureza as leis físicas e biológicas. Elas foram aparecendo ao longo dos tempos, conforme as coisas se organizaram. Elas se arranjaram tão bem que o profeta, vendo o universo, celebra o poder divino; o poeta entende o mundo como um poema; o cientista a força da inteligência e o músico entende o universo como uma sinfonia (ideia platônica).

5.2 Filosofia da história e historiografia

O historiador faz a "ciência" da história, ou seja, procura reconstruir com a melhor fidelidade os acontecimentos humanos de uma época, com provas documentais. A importância dos documentos é avaliada pela sua proximidade aos fatos. Quanto mais próximos, mais importantes serão, mais "científico" será o trabalho do historiador.

Por seu lado, o filósofo, de posse dos fatos históricos, tenta amarrá-los, dar-lhes um sentido, uni-los em torno de um fio condutor. Tanto o historiador como o filósofo partem do mesmo ponto: os fatos históricos devem ter um grau de inteligibilidade justamente porque o homem é o principal sujeito e autor dos acontecimentos. Então deve ser possível repensar os fatos passados segundo o ponto de vista da inteligibilidade: tentamos compreender "os fragmentos, os pedaços" da história humana pela filosofia enquanto o historiador, pacientemente, procura os fatores que levaram séculos para produzir certos resultados. Por exemplo, que agentes minaram as bases do Império Romano, culminando objetivamente no saque de Roma em 410 d.C.? O historiador cataloga e encadeia quanto possível os fatos; o filósofo os interpreta de um ponto de vista global: faz uma teoria filosófica dos fatos. Vamos dar alguns exemplos antigos e recentes. Por exemplo, quem, no século XVIII, podia entender que a Revolução Francesa encerrava um conteúdo de inesgotável transformação do mundo sociopolítico ainda hoje em curso? Que historiador poderá dar os detalhes da última guerra mundial? E que filósofo poderá interpretá-la adequadamente? Certamente foi uma tragédia universal; mas também foi o início da ordem mundial deste início do século XXI. Terá sido necessária a tragédia para que surgisse o mundo dos direitos humanos?

Já em nosso milênio, vimos pela mídia, em 11 de setembro de 2001, a derrubada das torres de Nova York. Atrás deste atentado há muitas décadas de rivalidades e ódios; para frente dele ainda não sabemos que desdobramentos virão; até agora produziu duas invasões, a do Afeganistão e do Iraque. Isto mostra que as ações dos seres humanos, agentes principais da história, são de entendimento muito difícil; é difícil "ler" os objetivos e intenções dos agentes e as consequências que os fatos carregam ocultamente.

Numa palavra, o sentido dos fatos históricos está oculto, e os filósofos tentam fazer alguma luz sobre eles, olhando-os e analisando-os sob o ponto de vista da historicidade; esta toma o tempo na sua completude de passado, presente e futuro. O filósofo da história transcende, portanto, o papel do historiador, que é de contextualização dos fatos no tempo em que aconteceram. O historiador trabalha com o presente dos fatos, o filósofo trabalha os fatos na tríplice dimensão do tempo, visando o sentido global deles em suas raízes passadas e consequências futuras.

Por isso, a inteligibilidade dos fatos históricos é diferente, e complementar, entre historiadores e filósofos. Por exemplo, a inteligibilidade da história de Hegel é muito distinta da dos mesmos fatos que os historiadores descreveram e contextualizaram da melhor forma possível através de documentos e testemunhos. O filósofo tenta descobrir nos acontecimentos um enredo coerente, com começo (passado), meio (fato presente) e fim (resultado futuro). Santo Agostinho fez isto em *A Cidade de Deus*, que trata da ascensão e queda do Império Romano; Hegel concebe o enredo da história a partir do espírito que se projeta na natureza, a qual evolui para a tomada de consciência no homem que constrói a história, as civilizações, as ciências, as filosofias e as religiões. O mesmo fez K. Marx, tomando como enfoque os conflitos sociopolíticos e econômicos mostrando que eles evoluirão necessariamente para uma sociedade sem classes e para uma humanidade socializada.

No fundo de todos estes enredos há uma causalidade oculta, mas real. Por exemplo, para Santo Agostinho a causa última do acontecer histórico é Deus que ordena os acontecimentos positivos e negativos para o bem dos que creem; para Hegel, a causalidade de todo o processo da natureza e das peripécias humanas é o espírito que, projetado na natureza, marcha para sua plena liberdade; para Marx, o processo histórico é conduzido pela força da dialética ou dos conflitos da vida social até a instauração de uma sociedade livre, igualitária e justa.

Em outras palavras, a filosofia da história é apenas uma simples interpretação ou leitura do acontecer de toda a humanidade e a natureza. Por isso existem muitas filosofias da história dependendo do ângulo da interpretação, da leitura, que o filósofo escolhe; é uma meta-história, uma metafísica da história que investiga o sentido que não é uma realidade física, mas pensamento ou um "olhar da mente" que reúne todo o acontecer do processo a partir de um enfoque inicial: Deus, liberdade, conflito.

A pergunta filosófica sobre o sentido geral da história terá compreensão mais fácil se a entendermos como um drama universal. Os estoicos foram os primeiros a adotar esta estratégia para explicar a vida conflitiva dos homens. Marco Aurélio (séc. II a.C.) considerava que todos nós estamos no palco da história cumprindo um papel que nos foi imposto pelo destino: "se nasceste para ser escravo, seja um bom escravo; se nasceste para ser rei seja um bom rei, pois é isto que nos pede o destino".

A ideia de drama acena com uma meta positiva, satisfatória para os acontecimentos maléficos e benéficos, duas realidades constantes e inseparáveis na vida de cada um e da coletividade; esperamos que estas forças antagônicas não existam sem um sentido; as contradições podem ser portadoras de uma meta feliz. Para Hegel, o final feliz da história será o triunfo da liberdade, que para realizar-se deverá "lutar e passar por cima de cadáveres" que serviram para construir a apoteose final da liberdade do homem na sociedade regida por leis. Esta é também a meta da *Dialética* de Marx.

Algo muito positivo é prometido no drama bíblico da criação, queda do homem, e redenção por Cristo; drama que leva a história à realização final quando o mal será banido e o bem será premiado pela vida sem fim para os justos.

Hoje, estes dramas, idealista, político e religioso, foram secularizados pela ideia de progresso temporal sem fim. Para esta meta devem concorrer as ciências, a ética, a política mundial, a filosofia, as forças econômicas, todas convergindo para aumentar o bem-estar da sociedade; trata-se apenas de um modo filosófico de entender e ordenar os fatos; todo modelo é, por isso, criticável, refutável, provisório. Esta hermenêutica dos fatos históricos levanta objeções como esta: se o modelo interpretativo da história não é nem verdadeiro e nem falso, que valor tem ele? A resposta é simples: o modelo quer apenas ser verossímil, plausível, possível. Não é preciso que nos convençamos de tal ou tal modelo interpretativo, pois não é para convencer que ele é proposto. Hegel, ainda em vida, teve críticos severos de sua filosofia da história e apenas uns poucos seguidores; Marx dividiu o mundo a respeito de sua interpretação da evolução da sociedade; Toynbee teve muito mais críticos que seguidores.

5.3 Conclusão

Os modelos interpretativos da história chamam a atenção sobre a condição humana frágil no meio do turbilhão de acontecimentos; apontam para a finitude e os limites de impérios e civilizações. O modelo hermenêutico dos fatos históricos convoca o ser humano a pensar mais profunda e globalmente no seu sentido, e no sentido do universo; oferece um "pano de fundo" (que em francês se diz *visée*; em alemão, *Weltanschaung*), no qual os fatos históricos, a natureza do homem e o mundo físico se mostram e se ocultam, revelam-se e se escondem como totalidade coerente e incoerente. Por isso, a busca pelo sentido está sempre começando.

A paixão do filósofo da história é mergulhar neste contínuo desvelamento e velamento dos eventos pessoais, regionais e mundiais, tentando entender a dialética que perpassa os tempos originário, histórico e teleológico.

Parte II

Os pensadores do tempo

Heráclito de Éfeso
530-470 a.C.

Clemente de Alexandria – *Este cosmos, o mesmo de todos os seres, nenhum deus, nenhum homem o fez, mas era, é e será um fogo sempre vivo, acendendo-se segundo medida e apagando-se segundo medida* (frag. 30).

Marco Aurélio – *Lembrar-se sempre do dito de Heráclito, que a morte da terra é tornar-se água, a morte da água é tornar-se ar, de ar fogo, e vice-versa* (frag. 76).

Hipólito – *Imortais mortais, mortais imortais, vivendo a morte daqueles, morrendo a vida destes* (frag. 62).

6
HERÁCLITO: TEMPO DE DESCIDA E TEMPO DE SUBIDA

Heráclito, como diz Heidegger, é "o maior filósofo da aurora do pensamento ocidental". Imaginoso, pensou o primeiro modelo cíclico do tempo e da concepção do universo que serviu de base para Platão e para o cristianismo até a Idade Moderna com o advento do modelo linear do tempo e da história.

Heráclito inaugurou um novo modo de pensar o mundo a partir da observação e reflexão sobre as coisas visíveis do universo: é um discurso sobre o mundo visível para investigar suas estruturas radicais, ontológicas e invisíveis. Na época de Heráclito, os filósofos já tinham observado e concluído que o fundamento de todas as coisas eram o ar, a água e a terra, pois sem estes elementos não há vida. Isto foi dito e ensinado não mais através de narrações míticas (histórias sobre as origens), mas pela reflexão sobre o que os sentidos mostravam. Assim começou a filosofia que, aos poucos, tomou o lugar da sabedoria mítica, nunca definitivamente abandonada; Platão serve-se de muitos mitos para explanar suas intuições filosóficas. Os três pontos de partida – ar-água-terra – durante muitos séculos foram aceitos como os elementos básicos de composição das coisas, tal foi o peso e a importância dos primeiros passos da filosofia.

Heráclito, fechando a série, propôs um quarto elemento, o fogo. Com os fragmentos que restaram dos seus escritos, recolhidos pela tradição, é possível reconstruir, com boa probabilidade, as bases do sistema filosófico intuído por Heráclito, que os filósofos modernos e contemporâneos constantemente revisitaram.

Hegel afirmou, 150 anos atrás, que "nenhum fragmento heraclitiano ficou fora de seu sistema". No século passado, Heidegger, que escreveu muito sobre Heráclito, considerava-o "o maior pensador da aurora da filosofia"; Jaeger entende que "Heráclito foi o primeiro pensador que determinou o lugar do homem no universo: o cosmos seria animado por um *logos* divino participado pelo homem e que constitui a norma suprema da conduta de sua vida". Vejamos alguns temas centrais embutidos nos fragmentos.

6.1 A tese fundamental

A afirmação central de Heráclito é a existência de uma lei universal (*logos*) que rege todos os acontecimentos e é o fundamento da harmonia cósmica, que supera a luta dos opostos, das contradições e antíteses. O *logos*, portanto, garante a unidade da natureza na variedade: "Do Uno saem todas as coisas e de todas as coisas o Uno" (frag. 10); os homens precisam entender que "todas as coisas são Uno, e nisto consiste a sabedoria" (frag. 50).

6.2 Rio e fogo: mutabilidade universal

Uma vez firmada a unicidade da natureza, Heráclito vem ao tema do movimento e mutabilidade de todas as coisas: tudo é radicalmente impermanente, tudo é instável, tudo muda incessantemente. É da natureza das coisas a contínua transformação, como diz o frag. 49a: "em nossa essência fluente somos e não somos". A pura mutabilidade, a tese mais original de Heráclito, confirma-se observando o rio e o fogo. O rio é existência fluente; "não é possível descer duas vezes no mesmo rio" (frag. 9), pois as águas são outras, sempre novas em seu fluir vivo e incessante. Portanto, diz o frag. 12, "aos que entram no mesmo rio, outras e outras águas afluem" (do rio falam também os frags. 91 e 49a).

Na vigorosa imagem do rio, Heráclito quer mostrar que as coisas reais não são fixas, permanentemente estáveis como atestam nossos sentidos. O filósofo as vê na sua radicalidade que é mobilidade: elas estão sempre se fazendo e desfazendo, subordinadas ao ciclo do aparecer e desaparecer e reaparecer. O regente desta mobilidade universal é o *logos* ou lei cósmica.

As águas, fluindo, são sempre novas; do mesmo modo também nós mudamos: ao mergulhar, encontro-me numa condição diferente do momento anterior à beira do rio; agora, para não morrer, deverei saber nadar; esta é minha nova condição que não existia antes de entrar na água. Isto significa que existimos sempre de modo diferente. Esta é a condição do rio, do homem, dos seres vivos e de todas as coisas. Todos somos realidade em devir; não somos um ser já feito, fechado, fixo; somos seres abertos em contínuo vir a ser.

Mas a doutrina de Heráclito não para aqui. Para ele, as realidades cósmicas obedecem a um processo de condensação e rarefação que são o fundamento do devir: as coisas frias se aquecem; as coisas quentes esfriam; o que está vivo morre, e vice-versa. Vida e morte que os faz aparecer, desaparecer e reaparecer: "as coisas opostas se conciliam e, da diversidade, nasce uma belíssima harmonia, e tudo nasce do conflito" (frag. 111).

O fogo é outra imagem forte que fala da eterna mobilidade. O fogo é o princípio primeiro do processo de mudança universal. Todas as coisas são produzidas pelo fogo e todas a ele voltam, inclusive os deuses. No frag. 30 lemos: "Este Cosmos, o mesmo para todos os seres, não foi feito por nenhum deus nem por nenhum homem, mas sempre foi, é, e será fogo eterno vivente, que se acende conforme medida e se apaga conforme medida". Conforme medida significa que quanto mais um ente qualquer se aproxima do fogo primordial mais luminoso, intenso e vivo fica e, vice-versa, quanto mais se afasta mais vai se apagando.

6.3 O círculo cósmico

Diz o frag. 103: "Comum no círculo é o princípio e o fim"; o frag. 60 completa: "o caminho para cima e o caminho para baixo são um único e mesmo caminho". Nestes dois textos está toda a filosofia de Heráclito e a síntese do que os filósofos anteriores pensaram. Vejamos: O universo é um imenso círculo que tem um ponto de partida, o *logos*, que é, ao mesmo tempo, ponto de chegada, pois "no círculo, comum é o princípio e o fim". Neste círculo universal movem-se as coisas "para baixo e para cima"; para baixo se condensam, e para cima rarefazem-se. Então, descendo, as coisas são fogo, ar, água e terra; ao contrário, no caminho da subida, temos: terra, água, ar e fogo. Dionísio Laerte guardou esta memória de Heráclito: "a mutação é um caminho para baixo e para cima; o mundo se faz segundo este caminho. O fogo, condensando-se torna-se vapor e, deste estado, condensa-se em água, e a água comprimida converte-se em terra. Este é o caminho para baixo; vice-versa, a terra se liquefaz e dela sai a água e os demais seres; este é o caminho para cima" (D.L. IX,9).

Este é o processo da mudança universal a partir do fogo: "o fogo muda-se reciprocamente com o todo e o todo com o fogo, como o ouro troca-se por mercadorias e as mercadorias por ouro" (frag. 90); e o frag. 88 completa: "Estas coisas (vida e morte, juventude e velhice), mudando tornam-se aquelas e aquelas, mudando, por sua vez se tornam estas".

6.4 O *logos*

As imagens do rio e do fogo estão tão presentes nos fragmentos que levou muitos intérpretes a perguntar-se se não querem dizer algo mais profundo, uma realidade metafísica ao invés de física. De fato, parece mais condizente com o pensamento de Heráclito ver no rio e no fogo uma metáfora do *logos*: o *logos* é tão móvel quanto o fogo e a torrente de água. Nesta compreensão, o *logos* é o impulso primordial, elan vital, pensamento. Por isso, o *logos* é o único princípio ontológico do universo; princípio das transformações e divisões dos seres e princípio da unificação e da harmonia cósmica; o *logos*, presente em cada coisa, rege-as e governa-as conforme lemos no frag. 41: "Uma só coisa é a sabedoria, conhecer o *logos*, a Razão que governa todas as coisas através de todas as coisas". Mas, prossegue Heráclito, "desta razão os homens comuns não se dão conta; não a entendem nem depois de tê-la ouvido por minhas palavras e meus gestos com os quais eu a explico, distinguindo cada coisa segundo sua natureza e indicando o que elas são" (frag. 1).

Então tudo muda, menos a Razão universal, presente em cada coisa. É por isso que as coisas diversas subsistem numa ordem universal e racional, onde tudo acontece "segundo ordem, peso e medida". Por isso, "o sol não sairá de sua medida; se, por acaso o fizesse, as Erínias, servas da Justiça, o reduziriam à ordem" (frag. 94); "o mar reverte a seu lugar e se mede segundo a Razão como era antes de fazer-se a terra" (frag. 31). Portanto, o Cosmos é eterno, "foi e será sempre fogo; fogo vivo que se acende conforme medida e se apaga conforme medida" (frag. 30).

Se tudo parte de um só princípio, todas as coisas, ainda que conflitantes e contrárias entre si, são todas a mesma coisa. Na luta unificam-se os contrários e de coisas tão diversas resulta a harmonia cósmica: "Os contrários convergem, e dos divergentes nasce uma belíssima harmonia e tudo a partir da discórdia" (frag. 8).

Mas, outra vez, Heráclito se lamenta que os homens não escutam e não entendem esta harmonia. "Eles não entendem que o diferente harmoniza-se consigo mesmo e que entre as coisas contrárias existe uma harmonia recíproca como a do arco e a lira" (frag. 51).

6.5 A apreciação das coisas

Heráclito diz que os homens avaliam as coisas diferentemente conforme elas beneficiam ou prejudicam as várias formas de viver que o *logos* produz. Assim, "as águas do mar são puras e impuras: para os peixes é potável e saudável, para os homens é prejudicial" (frag. 61); "a doença torna doce a saúde; a fome, a fartura, o cansaço, o repouso" (frag. 61). "A mesma coisa é a vida ou a morte, estar acordado ou dormir, juventude ou velhice; pois aquelas coisas mudam nestas e estas naquelas" (frag. 88). "O deus é dia-noite, inverno-verão, guerra-paz, muda como o fogo: quando este arde no incenso, cada um o chama como lhe agrada" (frag. 67).

Porém, estas avaliações não invalidam a beleza e a harmonia cósmica. São apenas considerações subjetivas. Em si mesmas, "no seu *logos* divino são belas, boas e justas; são os homens que as estimam umas justas e outras injustas" (frag. 201).

6.6 Tempo e mobilidade

Metafísico é também o princípio da vida, e do movimento de todas as coisas. Ora, a mobilidade implica temporalidade. Tempo é a duração das coisas; assim, a vida do homem dura tantos anos, o mês dura trinta dias, a guerra durou cinco anos etc. O tempo não existe em si, ele é apenas a medida da duração de uma coisa, ou de um acontecimento; não existe separado da coisa. Esta é, ainda, uma compreensão empírica do tempo.

Heráclito pensa num tempo mais profundo, metafísico e divino. No frag. 52 lemos: "O tempo é criança brincando e jogando: da criança o reinado". Tempo, em grego, diz-se *Kronos*, *Kairós* e *Ayon*. O termo usado no fragmento é *Ayon* que nomeia uma entidade divina que constrói o mundo das coisas, fazendo-as surgir: montanhas, rios, animais, homens e divindades; este deus poderoso realiza sua tarefa com a singeleza e a espontaneidade das crianças que se divertem com seus brinquedos, fazendo-as surgir ou desaparecer. As coisas, portanto, são construídas pelo *Ayon*, deus-tempo que as coloca aqui ou ali como brinquedos. Então *logos* significa vida, impulso, movimento e temporalidade; cada um destes termos nomeia a mesma realidade, o *logos* que tudo produz. A fenomenologia heideggeriana comentou amplamente este conceito, base de *Ser e tempo*.

6.7 Lugar do homem no *cosmos*

A filosofia de Heráclito não reserva para o homem um lugar proeminente ou sobrenatural. Não! O homem é, por inteiro, um componente do todo da natureza; porém seu *logos*, o mesmo que o das outras realidades, alcança uma maior profundidade. Mas ele, como todos os outros seres, nada mais é do que *fusis*. Nada há no homem que o distinga da natureza. O frag. 101 diz: "procurei-me a mim mesmo". Heráclito procura-se no elemento terra e no elemento *logos*. O corpo humano vem do elemento terra, no caminho de descida; a alma forma-se do *logos* no caminho da subida, através da respiração e do enxugamento do elemento aquoso. Quanto mais enxuta e seca, mais perfeita é a alma; a proximidade com o fogo ou *logos* primordial torna-a divina e sábia, conforme diz o frag. 118: "a alma seca é a mais sábia e melhor porque está perto do *logos* primordial" (frag. 77). "Ao contrário, os bêbados têm a alma úmida; o homem, quando embriagado, é levado por crianças impúberes; aos trambolhões, não sabe por onde vai, porque sua alma está úmida". Uma alma assim não pode ser feliz, pois "a felicidade não pode consistir nos prazeres do corpo; se assim fosse, felizes seriam os bois diante do capim" (frag. 4).

O frag. 115 exalta a razão na alma: "é próprio da alma o *logos* que a ela se acrescenta". O *logos* confere à alma uma profundidade inacessível: "Caminha, caminha e nunca chegarás aos confins da alma, ainda que percorras todos os caminhos; tão profundo é o seu *logos*!" (frag. 42). Alguns fragmentos parecem acenar com a imortalidade da alma conforme as doutrinas órficas. Diz o frag. 27: "aos homens esperam depois da morte coisas que não imaginam nem suspeitam"; o frag. 77 acrescenta: "Nós, os viventes, vivemos a morte das almas, e elas vivem nossa morte".

6.8 Conclusão

Portanto, segundo Heráclito, o universo é um contínuo vai e vem, perpétuo "ad-vento" que acontece pelo conflito das realidades opostas, em guerra de vida e morte e que se harmonizam numa realidade superior: o *logos* que é impulso, vida, movimento e temporalidade: puro "ad-vir". Este é nosso habitat. Nossa materialidade, terra, está impregnada do *logos*, divino, como os outros seres que são todos vivos: nós todos recebemos do *logos* "vida, movimento e existência" como mais tarde afirmaram Platão, os estoicos e, com eles, o Apóstolo Paulo (At 17,12-36).

Mais didaticamente: o processo de condensação e rarefação é uma luta de vida e morte dos elementos; um vive da morte do outro; assim, o fogo, apagando-se vive do ar; o ar, arrefecendo, vive na água, e esta, na terra. A mesma dialética se dá no movimento ascensional: a terra, aquecendo-se, torna-se água, a água, ar e o ar retorna à fonte, fogo, e assim sucessivamente num movimento eterno de descida e subida, de morte e vida, como diz o frag. 53: "de qualidades contrárias provém a guerra e da guerra se originam todas as coisas. Por isso a guerra é o pai e rei de todas as coisas".

O fogo é o elemento primordial do mundo físico: todas as coisas são transformações do fogo que "se apaga descendo e se acende subindo".

Portanto, diz o frag. 68: "[Os elementos] um vive da morte do outro: unidade dos contrários" (e o frag. 69 parece certo que x). Assim, no caminho de descida o ar vive da morte do fogo; a água vive da morte do ar; a terra vive da morte da água. A terra é o elemento mais frio porque mais distante do ponto inicial, o fogo. Mas não está morta; pelo contrário, é o útero que gera todas as formas de vida, a mãe terra.

No caminho de retorno temos a mesma dialética entre vida e morte: a terra morrendo torna-se, vive na água, está no ar, o ar retorna ao fogo primordial, completando o ciclo do grande ano: 10.800 anos. Daqui tudo parte para um novo ciclo, assim indefinidamente, eternamente.

LEITURA DE TEXTOS DE HERÁCLITO
Diógenes Laércio (IX,1-17)

Diógenes Laércio legou-nos uma bela síntese do pensamento de Heráclito:

"Eis, em linhas gerais, sua doutrina: tudo se compõe a partir do fogo e nesse se resolve; tudo se origina segundo o destino e por direções contrárias se harmonizam os seres; tudo está cheio de almas e demônios. Discorreu também sobre as afecções que se articulam no mundo e afirmou que o sol é tão grande quanto parece. Em seu livro por vezes é lúcido e seguro, a tal ponto que mesmo o de inteligência mais lenta aprende facilmente e sente impelida sua alma. A concisão e densidade de sua interpretação são incomparáveis". Os pontos particulares de sua doutrina são os seguintes: "fogo é o elemento e todas as coisas são permutas do fogo" (frag. 90), originadas por rarefação e condensação; mas nada explica com clareza. *Tudo se origina por oposição e tudo flui como um rio* (cf. frags. 12 e 91); limitado é o todo e um só cosmo há; nasce ele do fogo e de novo é por fogo consumido, em períodos determinados, por toda a eternidade. E isto se processa segundo o destino. Dos contrários, *o que leva a gênese chama-se guerra e discórdia* (cf. frag. 80), *e o que leva a conflagração, concórdia e paz, e a mudança é um caminho para cima e para baixo, e segundo ela se origina o cosmo.*

Condensado, o fogo se umidifica, e com mais consistência torna-se água, e esta, solidificando-se, passa a terra; e este é o caminho para baixo. Inversamente, a terra se derrete e se transforma em água, e desta se forma as outras coisas que ele refere quase todas à evaporação do mar, e este é o caminho para cima. E se produzem evaporações a partir da terra e do mar, umas brilhantes e puras, outras tenebrosas. E é aumentado o fogo pelas brilhantes e o úmido pelas outras. Mas, ao que envolve o mundo, não esclarece sua natureza; há nele barcos voltados em sua concavidade para nós, nos quais, recolhidas as evaporações brilhantes, formam-se chamas, que são os astros.

A mais brilhante é a chama do sol, e a mais quente. Os demais astros distam mais da terra, e é por isso que seu brilho é menos vivo e menos quente, mas a lua, que está bem próxima à terra, não é por isso, mas por não se encontrar num espaço puro. O sol, entretanto, está em região clara e pura e dista de nós num intervalo conveniente. É por isso que mais aquece e mais ilumina. Os eclipses do sol e da lua provêm de que as concavidades dos barcos se voltam para cima. As fases da lua ocorrem quando o barco que a encerra se volta aos poucos. Dia e noite, meses e estações, anos, chuvas, ventos e fenômenos semelhantes procedem das diferentes evaporações.

Pois a brilhante evaporação, inflamando-se no círculo do sol, produz o dia, e quando a contrária prevalece produz a noite, e, quando da evaporação brilhante nasce o calor, faz verão, mas, quando da sombra o úmido prevalece, faz inverno. De modo análogo ele explica os demais fenômenos. Mas sobre a natureza da terra nada revela nem também sobre a dos barcos. E estas são suas doutrinas.

Platão, Crátilo (402A)
Heráclito diz em alguma passagem que todas as coisas se movem e nada permanece imóvel. E, ao comparar os seres com a corrente de um rio, afirma que não poderia entrar duas vezes num mesmo rio. Heráclito retira do universo a tranquilidade e a estabilidade, pois isso é próprio dos mortos; e atribuía movimento a todos os seres, eterno aos eternos, perecível aos perecíveis.

Aristóteles. Das partes animais (I,5)
Tal como se diz que Heráclito, quando estrangeiros vieram visitá-lo e o encontraram aquecendo-se junto à lareira, ordenou-lhes que entrassem sem temor, pois ali também havia deuses, do mesmo modo deve-se abordar sem aversão o estudo de cada espécie de animal: pois em todos se manifesta algo de natural e de belo.

Aristóteles, sobre o céu (I,10)
Concordam todos em que o mundo foi gerado; mas, uma vez gerado, alguns afirmam que é eterno e outros que é perecível, como qualquer outra coisa que por natureza se forma. Outros, ainda, que, destruindo-se alternadamente, é ora assim, ora de outro modo, como Empédocles de Acragas e Heráclito de Éfeso afirmam: um dia tudo se tornará fogo. Também Heráclito assevera que o universo ora se incendeia, ora de novo se compõe do fogo, segundo determinados períodos de tempo, na passagem em que diz: "Acendendo-se em medidas e apagando-se em medidas". Desta opinião foram também posteriormente os estoicos. Para Heráclito, o cosmo é uno; afirma que o universo é gerado não segundo o tempo, mas segundo a reflexão.

Heráclito

O eterno retorno do universo

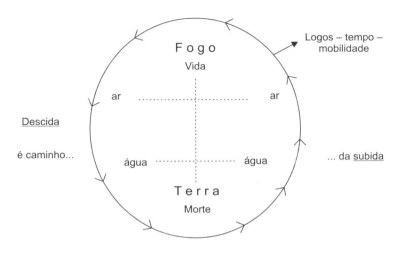

Fig. 3

Platão
427-347

"Ao lugar de onde caiu cada alma (mundo Superior) não volta antes de dez mil anos; pois não readquire as asas antes daquele tempo, com exceção da que haja filosofado com toda a sinceridade e haja amado os jovens de acordo com a filosofia. As outras, quando terminam a primeira vida, comparecem em juízo e, uma vez julgadas, umas descem aos cárceres subterrâneos para aí pagar suas penas, as outras, tomadas leves em virtude da sentença judiciária, e elevadas a um lugar celeste onde passam a vida de modo análogo àquele com a qual viveram a vida humana. No milésimo ano, umas e outras caminham para a designação e escolha de uma vida ulterior e cada uma escolhe a que quer; então uma alma de homem pode tomar vida de animal e aquele que já fora homem pode, de animal, voltar a ser homem. Pois a alma que nunca viu a verdade não poderá tomar essa figura" (*Fédon*, 24c).

7
PLATÃO: A CONSTRUÇÃO DO UNIVERSO

A mais grandiosa concepção do mundo, do homem e da história é de Platão, que reuniu, num só movimento dialético, o tempo e a eternidade, os mortais e imortais, a subida e a descida de todas as coisas, a imanência e a transcendência conforme a intuição de Heráclito. Algo apenas semelhante fizeram Agostinho de Hipona em *A Cidade de Deus*, Tomás de Aquino na *Suma teológica* e Hegel na *Fenomenologia do espírito*.

Para Platão, neste movimento eterno de tudo, a inteligência precisa encontrar alguma coisa estável e absolutamente permanente; do contrário não poderia existir a verdade, a justiça e o bem. Estes princípios, não podendo estar sujeitos ao devir universal, devem, portanto, pertencer "a um outro mundo", um "mundo superior" onde moram os protótipos divinos do Bem, da Verdade e da Justiça". O mundo da mobilidade sublunar é uma longínqua imagem e imitação daqueles princípios divinos e eternamente estáveis.

Grandes mestres do cristianismo adotaram esta configuração de mundo para comentar passagens bíblicas, como o Livro de Provérbios (8,1-36), o início do Evangelho de João (1,1-20), e a abertura da Carta aos Colossenses (1,1-20).

7.1 Construção do mundo

Platão trata da construção do mundo especialmente no *Timeu*, obra obscura e complicada, mas pilar que garante a unidade da vasta produção filosófica do chefe da Academia. Entende que o universo é essencialmente ordenado, calculado segundo número e harmonia. O mundo sensível em que vivemos é o mundo "em vir a ser", ou seja, não é o ser absoluto, divino, mas nem é o não ser: tem ser (existência) por participação, por derivação do Supremo Ser (o Uno, Bem, Belo) e, por isso mesmo, sujeito à geração e corrupção.

O artífice deste mundo é o Demiurgo, que plasmou a matéria segundo o modelo eterno do ser que sempre é (Bem). Sem o Demiurgo o mundo das coisas materiais ficaria "sem ordem e sem medida"; é tarefa do Demiurgo introduzir "ordem, medida e proporção na matéria caótica e desordenada": "o Demiurgo possui a ciência e, ao mesmo tempo, a força para juntar muitas coisas na Unidade e de novo dispersá-las da Unidade em muitas coisas; mas nenhum homem sabe fazer nem uma coisa nem outra, nem haverá no futuro" (*Timeu*, 29e). Portanto, "o céu e a terra, os deuses e os homens são mantidos juntos pela ordem, pela sabedoria e retidão".

Este é o conteúdo e o sentido geral do *Timeu*. Vejamos agora os principais detalhamentos da obra do Demiurgo.

O *Diálogo* começa afirmando a existência eterna de três entidades: 1) o mundo superior, lugar das ideias eternas, divinas, subsistentes e imutáveis; logo abaixo está o Demiurgo, igualmente divino, mas inferior às ideias; 2) no extremo oposto, há outra entidade, a matéria, essencialmente mutável, caótica na qual estão os elementos – ar, água, terra e fogo – em total desordem: 3) entre o mundo das ideias e o caos, encontra-se o espaço vazio que separa os dois. Neste vazio, o Demiurgo colocará todas as coisas que vai fazer. "Querendo que todas as coisas fossem boas quanto possível e nenhuma má, o Demiurgo começou introduzindo ordem na desordem para fazer uma obra belíssima como o número e a música" (*Timeu*, 30ab, 35b). Por isso escolheu como modelo o mundo das ideias e dos números, com especial atenção à ideia de bem e à ideia de animal. O Demiurgo construiu o mundo físico como um grande animal, vivo e perfeito, um mundo físico onde todas as coisas eram imagens do mundo ideal, metafísico.

Dispondo dos três elementos citados – as ideias eternas, o caos e espaço – o Demiurgo, de início, construiu a alma cósmica como princípio da vida, do movimento e da ordem; os materiais usados foram três: o idêntico, o diverso e a essência, distribuindo-os com proporção aritmética e harmonia musical. Foi assim que apareceu a "mais excelente de todas as coisas produzidas pelo mais excelente de todos os seres inteligíveis" (*Timeu*, 37ab).

Esta alma belíssima merecia um corpo que não envelhecesse e não se decompusesse. Para fazê-lo, o Demiurgo juntou os elementos – ar, água, terra e fogo – formando com eles uma esfera, a figura geométrica mais perfeita, e lhe deu o movimento de rotação, também perfeito (*Timeu*, 34ab): assim apareceu o mundo.

Em seguida, o Demiurgo uniu a alma com o mundo que começou a viver uma vida perfeita. Povoou-o com quatro formas de vida, os deuses celestes com o elemento fogo; as almas humanas com o elemento terra; as aves com o elemento ar; e os peixes com o elemento água. Assim nasceu o mundo vivo, que abriga todos os viventes desde os deuses até os répteis.

7.2 Lugar do homem

No *Timeu* aparece claramente a integração do homem no cosmo: feito dos mesmos elementos, seu destino será viver eternamente no cosmos: com os restos dos elementos que sobraram na produção da alma cósmica, o Demiurgo criou a parte racional e imortal, a alma humana. O ser humano, no primeiro nascimento, toma corpo masculino. Nos nascimentos sucessivos (após 10.800 anos do primeiro), cometeram-se injustiças na encarnação anterior, nascerá com corpo feminino; nas seguintes, com corpo de aves, quadrúpedes, répteis, baratas e peixes. Parece até que Platão deriva as espécies dos animais da degradação da espécie humana; porém isto nada tem a ver com biologia, mas com a degradação moral do ser humano.

Platão intuiu a abismal profundidade da natureza humana e sentiu como é difícil exprimi-la em termos filosóficos. Por isso recorreu aos mitos para entrar neste mistério. Em seus diálogos trata muito mais da alma que do corpo. Os temas da origem divina da alma, seu retorno ao mundo superior e os motivos de sua união com o corpo são belamente discutidos especialmente no *Fédon, República, Fedro* e *Timeu*. Praticamente, Platão reduz o homem à sua alma: "O homem é sua alma", lemos em *Fédon* (247c); e nas leis (726a): "de todas as coisas que o homem tem, sua alma é a mais próxima dos deuses e é sua propriedade mais divina e verdadeira".

O homem, parente dos deuses, é essencialmente um animal político. A este assunto predileto, Platão consagra seus diálogos mais extensos: República, Política e Leis. Para Platão e depois Aristóteles, a sociabilidade humana brota de sua animalidade; portanto, o corpo social é produto da natureza e não de contratos como queriam os sofistas. As classes sociais não estão separadas e nem opostas entre si; pelo contrário, são partes naturais de um grande organismo, integradas "como membros de nosso corpo" que lhes serve de modelo". Recorrendo a um mito de Hesíodo, Platão (*República*, 415a) descreve as classes sociais assim: os homens são filhos da terra e nascem iguais, como irmãos do mesmo ventre. Mas os deuses colocaram em suas almas ouro, para os governantes; prata para os auxiliares, e ferro para os artesãos e trabalhadores em geral. A decadência da sociedade sobrevém quando estas três raças se misturam. A coesão da sociedade política é garantida pela justiça, que não é apenas um conceito político, mas é sobretudo fundamento ontológico do universo e do corpo social.

Detenhamo-nos um pouco na sociedade. O homem, sozinho, não se basta porque é um animal essencialmente falante, comunicativo e, portanto, social. A família e os grupos de aldeias, aos poucos, constituem-se em Cidade (Estado). Na cidade surge espontaneamente as necessidades materiais como a produção de alimento, habitação, roupa, educação, saúde, donde resultam as diferentes tarefas na sociedade que, reunidas, formam o bem comum a todos os cidadãos. O bem de todos é a meta da sociedade.

A divisão das tarefas cria as classes sociais, que formam "um grande organismo" semelhante ao "organismo de um homem" (*República*, 430M): a parte instintiva (entranhas) corresponde à classe inferior dos trabalhadores, artesãos, agricultores, comerciantes, aos quais cabe providenciar a subsistência da comunidade. A parte irascível (tórax) corresponde aos guardiões encarregados da segurança da comunidade; deverão ser corajosos, valentes e fortes (*República*, 376b). À racionalidade (cérebro) corresponde a classe dos governantes, que são a "inteligência da comunidade" (*República*, 428b); a eles compete legislar e zelar pelo cumprimento das leis, organizar a educação e administrar a *polis*. Por isso devem ter as virtudes da sabedoria e da prudência para entender a justiça e aplicá-la na comunidade.

Assim Platão responde as perguntas feitas no início do capítulo. O sentido do mundo está em seu contínuo vir a ser rotativo: início, fim e retorno; este período é o grande dia que dura 10.800 anos. No mesmo circuito se encaixa o único ser inteligente, o homem, parente dos deuses e feito pelo Demiurgo com os elementos da natureza: ar, água, terra e fogo. Nós somos rotativos como tudo. Mas a nossa condição muda conforme nosso comportamento moral: quem se comporta segundo a justiça melhora sua condição de vida no Tártaro, após a morte; os que viveram no tempo mediocremente serão rebaixados, no próximo retorno, a viver em corpos cada vez menos nobres. Esta imaginosa concepção platônica do universo encerra um grande apelo ético-político: vivamos segundo a justiça e seremos agradáveis aos deuses e teremos um destino feliz.

LEITURA DE TEXTOS DE PLATÃO
A construção do mundo

É necessário dizer que ela, a saber, a matéria caótica, que recebe todos os corpos, é sempre a mesma coisa porque nunca abandona a sua natureza. Pois ela *recebe sempre todas as coisas*, e em nenhuma circunstância passou a ter uma forma semelhante às que nela entram. Com efeito, ela é, pela sua natureza, *como um material maleável*, é movida e modelada pelas coisas que nela entram e, por causa delas, aparece ora de uma maneira, ora de outra. E *as coisas que entram e saem são imitações das coisas que são sempre*, por elas marcadas de uma maneira maravilhosa e difícil de explicar" (*Timeu*, 50bc).

Antes disso, todas as coisas se encontravam *sem razão e sem medida*. Mas quando o Demiurgo começou a *ordenar o universo*, o fogo em primeiro lugar, a terra, a água e o ar tinham, sim, algum traço da sua forma própria, mas encontravam-se na condição na qual é natural que se encontre tudo aquilo do qual o Demiurgo está ausente. Fique também isto firme, como sendo dito uma vez por todas, a saber, que o Demiurgo tenha constituído essa coisas "da maneira mais bela e melhor possível, partindo do estado em que elas se encontravam e que sem dúvida não era esse" (*Timeu*, 53ab).

No mundo superior

Zeus possui de maneira adequada a ciência e, ao mesmo tempo, a *potência* para misturar *muitas coisas na unidade*, e de novo dissolvê-las *da unidade em muitas coisas*. Mas não há nenhum dos homens que saiba fazer nem uma coisa nem haver; a no futuro (*Timeu*, 29c).

O julgamento

Ao lugar de onde caiu (mundo superior) cada alma não volta antes de dez mil anos; pois não readquire as asas antes daquele tempo, com exceção de que haja filosofado com toda a sinceridade e haja amado os jovens de acordo com a filosofia. As outras, quando terminam a primeira vida, comparecem em juízo e, uma vez julgadas, umas descem aos cárceres subterrâneos para aí pagar suas penas, as outras, tomadas leves em virtude da sentença judiciária, e elevadas a um lugar celeste onde passam a vida de modo análogo àquele com a qual viveram a vida humana. No milésimo ano umas e outras caminham para a designação e escolha de uma vida ulterior, e cada uma escolhe a que quer; então uma alma de homem pode tomar vida de animal, e aquele que já fora homem pode, de animal, voltar a ser homem. Pois a alma que nunca viu a verdade não poderá tomar essa figura (*Fédon*, 24c).

O túmulo da alma

Sócrates não ficaria admirado se Eurípedes afirmasse a verdade quando disse: Quem pode saber se viver não é morrer e morrer não é viver? E que nós, na realidade, talvez estejamos mortos. De fato, já ouvi também homens sábios dizerem que nós, agora, estamos mortos e que o corpo é um túmulo para nós (*Gorgias*, 483c).

Nosso maior bem

De todos os bens que alguém possui, o mais divino, depois dos deuses, é a alma, que é o bem mais individual. Em todo homem há duas partes: uma superior melhor, que ordena, outra inferior e menos boa, que serve; ora, é necessário que cada um honre sempre a parte que nele ordena, de preferência àquele que serve. Assim, dizendo que cada um deve dar à sua alma o segundo lugar na sua estima, depois dos deuses que são nossos senhores e dos seres que a eles são próximos, eu dou um preceito justo. Entre nós não há, por assim dizer, quem honre a própria alma como convém, mesmo acreditando o contrário (*Leis*, V 726n).

Alma e desejo corporal

Todo prazer e toda dor, como se tivesse um cravo, crava e finca a alma no corpo e a faz tornar-se quase corpórea, fazendo-a acreditar ser verdadeiro o que o corpo diz ser verdadeiro. E com esse ter as mesmas opiniões do corpo e gozar dos mesmos prazeres do corpo, penso que é obrigada também a adquirir os mesmos modos e as mesmas tendências do corpo e, portanto, a tornar-se tal que não pode chegar pura ao Hades; sairá do corpo toda cheia de desejos corporais, de sorte que cairá logo de novo em outro corpo e, como se fosse uma semente, crescerá nele; por isso, nunca terá como sorte a participação no ser puro, divino, uniforme (*Fédon*, 83b).

Superioridade da inteligência

Afirmei que a inteligência é muito melhor e mais agradável do que o prazer para a vida humana.

Protarco: – Assim o disseste.

Sócrates: – Mas, suspeitando que existissem ainda muitos bens, acrescentei que se aparecesse algum outro eu teria lutado contra o prazer para dar à inteligência o segundo lugar; assim o prazer teria perdido também o segundo posto honorífico.

Protarco: – Lembro-me de que disseste isto.

Sócrates: – Em seguida, porém, pareceu-nos da maneira mais convincente que nem um nem outro era suficiente.

Protarco: – É verdade.

Sócrates: – Assim, pois, já que nesse raciocínio o prazer e a inteligência se demonstraram sem capacidade para bastar a si mesmos e sem força suficiente e perfeita, concluiu-se que nem um nem outro é o bem.

Protarco: – Muito justo.

Sócrates: – Mas, tendo aparecido um terceiro melhor que cada um dos dois, observou-se *que a inteligência é mil vezes mais familiar e mais afim ao ideal do vencedor do que o prazer* (*Filebo*, 66-67a).

Conduta da vida

Assim, com respeito à conduta que é necessário manter e às qualidades individuais que cada um deve ter, já antes expusemos rapidamente todos os preceitos que têm caráter divino; mas ainda não falamos daqueles que se revestem de um caráter humano. Ora, é preciso que o façamos, pois nos dirigimos a homens e não a deuses. Ora, *prazeres, dores, desejos são coisas profundamente humanas por sua natureza, às quais todo mortal deve estar necessariamente apegado e como suspenso delas*. Assim sendo, ao fazer o elogio da *vida mais bela*, não basta mostrar que, com seu aspecto exterior, ela vale mais do que qualquer outra quanto à boa reputação, mas é preciso mostrar também que, se queremos gozá-la e não nos afastarmos dela na juventude, ela vale mais do que qualquer outra naquilo que todos procuramos, a saber, *gozar mais e sofrer menos durante toda a vida*. Que assim seja qualquer um pode percebê-lo imediatamente, desde que queira gozar corretamente dessa vida (*Leis*, V, 732d).

Fig. 4

Estoicos
300 a.C.-500 d.C.

Crisipo – "A substância inteira é unificada por um *pneuma* que a percorre inteiramente, assim o universo é contínuo e torna-se consistente e simpático a si mesmo, causa das causas".

Cícero – "Aquele que quer viver de acordo com a natureza deve de fato partir da visão do conjunto do mundo e da providência. Não se pode julgar verdadeiramente os bens e os males sem conhecer todo o sistema da natureza e da vida dos deuses, nem saber se a natureza humana está ou não de acordo com a natureza universal. E não se pode ver, sem a física, que importância (e ela é imensa) têm as antigas máximas dos sábios: 'Obedeça às circunstâncias, siga Zeus, conhece a ti mesmo, nada em excesso'. Sozinho, o conhecimento dessa ciência pode nos ensinar o que pode a natureza na prática da justiça, na conservação de nossas amizades e afeições. A piedade para com os deuses e o reconhecimento que lhes é devido não podem tampouco ser entendidos sem um conhecimento detalhado da natureza".

8
Estoicos: destino cósmico

O jardim da filosofia

Os estoicos, inspirados em Platão, dividem a filosofia em três temas fundamentais: a lógica, a física e a ética. Muito poeticamente descreveram estes três braços da filosofia com a metáfora do jardim: a lógica é o muro externo que protege o saber filosófico; as árvores representam a física, as coisas reais a serem estudadas; sem elas é inútil o muro. Os frutos do jardim representam a ética em função da qual existe o todo do jardim. Sem ética, o pensamento é vazio de sentido. A lógica é a lei do pensamento, um muro que garante proteção ao conceito e ao critério da verdade. Esta consiste na evidência objetiva, palpável, visível das coisas (das árvores) nas nossas representações mentais. Existe total correspondência entre as coisas, os objetos e a representação que deles nós fazemos: nesta correspondência consiste a verdade. O conceito de correspondência entre a coisa e o pensamento, criado por Aristóteles, será o critério de toda a Idade Média e, em larga parte, da Moderna; só foi modificado profundamente pela fenomenologia, no século XX.

Para os estoicos, ao contrário dos platônicos, a verdadeira ciência não é do mundo espiritual; ciência é o saber das coisas reais; importa é o conhecimento das árvores do jardim, isto é, o mundo físico. Daí a importância dada pelo estoicismo à física, segundo braço da filosofia. Mas a ciência do mundo converge para a sabedoria que é a ética, ápice de todo o saber.

A lógica, apesar de muito importante para guiar a mente no acesso à verdade, é apenas uma sebe protetora que não deixa a mente desgarrar-se. Entretanto, eles fizeram enormes progressos na investigação lógica que tanto ajudaram a Idade Média.

8.1 Física: princípio ativo e passivo do universo

Vamos, agora, entrar no jardim: o mundo das coisas físicas; tudo é físico: a alma, os sentimentos e os deuses são realidades físicas como os objetos que vemos e manipulamos.

Ademais, os estoicos tinham uma visão unitária do cosmos: ele é o ser único, a totalidade; fora do cosmos não há nada, o vazio da existência. Os deuses são parte do mundo físico e é vão procurá-los no além.

Assim diz Cleantes: "Deus é a Natureza, um ser vivo imortal, racional, perfeito e inteligente vivendo na beatitude, não podendo acolher em si nada de mal, exercendo uma providência sobre o mundo e sobre os seres que estão no mundo". "Zeus é demiurgo do universo e, por assim dizer, o pai de todas as coisas; recebe múltiplas denominações". E Crisipo completa: "A substância inteira é unificada por um *pneuma* que a percorre inteiramente, assim o universo é contínuo e torna-se consistente e simpático a si mesmo, causa das causas".

Dois são os princípios desta realidade única e divina: matéria, o princípio indefinido, caótico e a forma, princípio de determinação, de especificação de cada coisa. Na verdade, estes princípios fazem parte da metafísica grega desde os primeiros pensadores. Um texto muito antigo, de autor desconhecido, reporta com clareza esta doutrina: "Os estoicos acreditavam que os princípios do universo são dois: um ativo e outro passivo. Este é a substância vazia de qualidades, a matéria; aquele é o *logos* ordenador da matéria; é o demiurgo criador das coisas, tirando-as da matéria vazia e dando-lhes uma forma; então o demiurgo penetra em toda a realidade: ora é divino, ora espírito (alma), ora natureza bruta". Esta é a verdade do cosmos.

Portanto, o substrato do universo é *fusis-logos*, natureza e razão, matéria e forma, donde saem as realidades físicas. Esta tese não é diferente da sentença de Heráclito para quem o "fogo (*logos*) é o princípio que tudo transforma e tudo penetra; calor que faz nascer e crescer todas as formas de vida".

Como do *logos* (natureza) nascem todas as coisas, ele é comparável a uma grande semente que se diferencia em infinitas outras (*logoi spermatikoi*), que são a alma de cada coisa. Os pensadores romanos traduziram *logoi spermatikoi* pela expressão latina *rationes seminales*: o "*logos* é inteligência, e fogo criador que metodicamente gera o cosmos e tira de seu seio todas as *rationes seminales* (formas de vida)".

Portanto, o universo é o ser único, totalidade viva, é um grande organismo no qual as partes completam umas às outras como no corpo humano. Daí a *sympathia* universal em que uma parte "inclui" em si a outra, convivem, sofrem e gozam juntas, em *symbiose*.

Esta visão de universo foi criada por Platão, e, em outros termos e contextos, nos tempos de hoje, continuou em Bergson, Teilhard de Chardin e Darwin no que diz respeito ao surgimento da vida: tudo tem uma origem comum: tudo parte do *elan* vital.

Este cosmos vivo, "cheio de *logos*", produz as coisas, e "cada uma é perfeita, e é, como deve ser"; portanto, o conjunto será um todo perfeito. Tal é a meta deste organismo universal.

Destino cósmico e liberdade

Portanto, o *logos* age como providência cósmica, sabedoria imanente que tudo dispõe com força e suavidade e tudo faz acontecer como está previsto desde sempre. Assim é o destino ou necessidade inelutável como o *fatum* dos romanos. As coisas são destinadas a produzir necessariamente seu efeito. Necessariamente, um dia, iria surgir o homem no universo; necessariamente a história acontece como está determinado. Existe uma ordem natural e necessária de todas as coisas, de todos os acontecimentos da história humana e da história natural: *tsunamis*, dilúvios, furacões, desastres: "as coisas que acontecem, acontecem; as que acontecerão, acontecerão fatalmente". A causalidade do *logos* universal é irreversível. Não cai cabelo sem que seja determinado previamente pelo *logos* universal.

Neste contexto, é inevitável a pergunta: como fica a liberdade do *logos* humano? Para os estoicos não existe conflito entre a providência imanente do *logos* e o *logos* humano individual; pois, como o *logos* universal está presente e atua no indivíduo:

ele age com a liberdade eterna. Mais tarde, Hegel sustentará que é o Espírito Universal que age na mente humana e a leva a realizar não o seu plano, mas o plano universal.

O sábio entende este princípio; por isso sua liberdade consiste em aceitar e submeter-se à destinação do *logos* universal; subordinar nossa liberdade, e nossos desejos aos dele, a nossa racionalidade à dele. Isto é, devemos viver em harmonia com o *logos* universal; ser livre é querer exatamente o que ele quer: "é ele que quer em nós". Diz um texto do antigo estoicismo: "ainda que os homens não queiram seguir o Destino, serão obrigados a chegar até onde tenha sido destinado para eles", e Sêneca diz lapidarmente: *Volentem fata ducunt, nolentem trahunt*. A prece do sábio só pode ser esta: "guia-me, oh! *logos*, até o fim, seja qual for o destino que me reservaste; avançarei firmemente; de qualquer maneira, ainda que tardiamente, deverei chegar lá; pois os homens, ainda que não queiram avançar, serão obrigados a chegar necessariamente até onde tenha sido estabelecido pelo destino".

Enfim, se o *logos* pensa e age em mim, então sempre farei o que ele determina porque é ele mesmo o autor do que eu penso e faço. A liberdade está no ato da aceitação lúcida desta ordem cósmica já dada e desde sempre. Posso decidir pela não adesão; neste caso serei arrastado! Esta é a atitude do sábio; o ignorante, que não entende a sabedoria, é escravo.

Conflagração e retorno

Os estoicos pensavam o mundo como os pré-socráticos: tudo é corruptível. Aquilo que nasce, a um certo momento, deve morrer, pois o *logos* faz nascer e morrer; o fogo que gera é o fogo que queima, mata e destrói. Por isso, as coisas individuais aparecem e desaparecem. No fim dos tempos haverá uma conflagração universal, uma combustão geral do cosmos, que será ao mesmo tempo uma purificação. A este cataclisma se seguirá o renascimento do mundo; tudo, purificado pelo fogo, voltará a nascer; tudo será igual ao que era antes. Então o cosmos, por toda a eternidade, segue um movimento de nascimento e morte, de destruição e renovação: um ciclo eterno, um eterno retorno da vida para a morte e da morte para a vida.

Lugar do homem no universo

Qual o lugar do homem neste cosmos ferreamente determinado? Já vimos como os estoicos entendiam a liberdade; o mundo é o lugar onde o *logos* universal pensa e tudo decide, tudo faz. O *logos* humano decide assumir, fazer sua esta determinação. Ele "escolhe" viver segundo o *logos* "determinou". Por isso, o homem ocupa um lugar importante no cosmos porque participa, mais que os outros seres, do pensamento, do *logos*. Ele possui o *logos* criativo, tem capacidade de entender as coisas e ver o sentido do conjunto; nossa alma, fragmento da alma cósmica, penetra em nosso corpo, vivifica-o; e preside suas funções essenciais. Os estoicos distinguem várias partes da alma: uma parte central, a razão, dirige o todo e cada um dos cinco sentidos; outra parte preside a fonação, a palavra; a última parte dirige a função reprodutiva. Acreditavam que a alma sobreviverá ao corpo pelo menos por um certo tempo; só a alma dos sábios vive até a próxima conflagração, quando tudo voltará a nascer.

8.2 A ética

A parte mais importante da filosofia estoica é a ética. Exerceu, por meio milênio, enorme influência no mundo greco-romano. O cristianismo nascente confrontou-se com as importantes teses estoicas do destino, da providência e da criação do mundo, temas obrigatórios também para os primeiros pensadores da era cristã. Especialmente a ética iluminou com luz forte, nova e penetrante o sentido da vida. Dois eram os focos essenciais: primeiro, o sentido da vida é alcançar a felicidade; segundo, esta só se consegue vivendo conforme a natureza determina.

Primeiro princípio da ética: a convivência

A ética estoica parte da observação da vida e das coisas. Todas as coisas tendem a conservar-se na existência e a evitar tudo o que a contraria. Esta tendência ao respeito a todas as coisas que existem é uma das bases da ética contemporânea.

Os estoicos deram máxima importância a dois movimentos da vida: primeiro, *conciliatio*; segundo, "viver consigo mesmo", assumir por inteiro sua própria essência, destino, e viver em harmonia com todos os outros seres naturais que são os deuses, os homens, e toda a natureza. Era a apropriação de si e a dos outros seres. Davam a esta dimensão central da ética o nome de *oikeiosis*, que os latinos traduziram por *conciliatio* com o sentido de "apropriação de si mesmo" e "convivência harmoniosa" com a natureza.

Esta exigência é intrínseca à alma do homem e de todos os seres naturais: no vegetal ela é inconsciente, no animal é instinto de conservação, e no homem é razão que rege o instinto vital originário. Portanto, a regra de ouro desta ética é "viver conforme a natureza". Isto significa duas coisas: viver em plenitude a apropriação de si mesmo (conservar-nos na existência e desenvolver nosso *logos*) e conviver harmoniosamente com todos os outros seres. Isto exige vigilância e esforço contínuo de autocontrole e concentração. É por isso tudo que a ética é o centro do pensamento estoico.

Segundo princípio da ética: o bem e o mal

Como vimos, o instinto de conservação e desenvolvimento da nossa existência é nossa tendência originária da qual deduz-se o segundo princípio da ética estoica: "bem é tudo o que conserva e desenvolve a vida, e mal é aquilo que a prejudica e destrói". O *logos* no homem subordina à sua orientação o instinto biológico, como na ética platônica, aristotélica e cristã.

Terceiro princípio da ética: o bem moral

O terceiro princípio diz: "o *logos* procura o bem moral e evita o mal moral, e não apenas o mal físico (sofrimento, dor)". Bem moral é o exercício da virtude, e o mal é a prática do vício. Este princípio levou os estoicos a colocar em segundo plano tudo o que se refere à nossa natureza biológica e física como moralmente indiferente. Assim, a saúde e beleza corporais são indiferentes; indiferentes são também a morte, a doença, feiura; indiferente é ser rico ou pobre, escravo ou rei. Esta separação radical entre bem moral e bem corporal (indiferente) suscitou muita crítica ao longo dos séculos. Mas era nesta convicção que os estoicos encontravam "abrigo dos males" físicos da época: guerras, epidemias, catástrofes, dominação estrangeira, escravidão: tudo isto era posto na categoria das coisas indiferentes.

Queriam com isto dizer que "o bem nasce sempre na interioridade humana e nunca do mundo que é divino". A felicidade é interior e pode ser alcançada independentemente dos acontecimentos externos e dos bens materiais. "Podemos ser felizes no meio de tormentos físicos". Os séculos seguintes criaram um famoso adágio em cima desta teoria: "suportar as dores e adversidades estoicamente".

A natureza é lei eterna
Como, esta posição rigorosa convive com a natureza que é o fundamento de tudo como dissemos acima? Os estoicos, ao distinguir radicalmente o bem moral dos outros tipos de bem físicos e materiais, não queriam negar o valor das coisas, vegetal, animal, e tudo aquilo que conserva e incrementa a vida, como os alimentos, a saúde, o vigor do corpo. A tudo isto chamavam de "valor ou coisas de estimação", para distingui-los do bem moral. O bem é moral; e o valor é algo físico que colabora para conservar a vida. Os valores são procurados pelo nosso instinto vital e são rechaçados aqueles que o prejudicam. Então, o valor tem sentido meramente biológico, sem relação com o verdadeiro bem moral e racional procurado pelo *logos*.

Então, entre os dois polos da moralidade (virtude e vício) estão as coisas de "estimação" e as ações "convenientes" ou "deveres". Explicitemos: é difícil realizar ações morais perfeitas; para isto há que chegar à perfeita ciência filosófica, que é apanágio de poucos. Mas há o "atalho da lei" que ordena "cumprir os deveres". Para os estoicos as leis sociais não são convenções livres; são expressão humana da lei eterna da natureza ou do *logos* absoluto fundante. A lei eterna prescreve deveres; para o sábio o cumprimento do dever é ação moral perfeita porque o cumpre segundo o *logos* eterno e não por mandato humano do legislador. Por seu turno, o cidadão comum também cumpre o dever, mas não faz, com isso, um ato virtuoso porque não entende o *logos*; faz, porém, um ato de cidadania e de consciência do dever social. O cristianismo nascente desenvolveu a tese da lei eterna como expressão da vontade de Deus na natureza: as leis naturais são encarnação da lei eterna que é Deus.

Quarto princípio da ética: sociedade cosmopolita

Como vimos, um instinto primordial impele o homem a conservar sua existência, e a existência de sua família biológica. Este instinto, que nos obriga a amar-nos, impele a unir-nos no casamento e na sociedade política. A ideia estoica de sociedade é muito mais ampla que a da *polis* de Aristóteles, que entendia a sociedade como algo minúsculo, um território do qual alcançamos os confins com o olhar e no qual todos se conhecem. Exatamente ao contrário, a filosofia estoica defende a sociedade como a totalidade do gênero humano. São os primeiros a propor o ideal cosmopolita, tão literalmente realizado no Império Romano. Rompem, assim, com a ideia de castas, nobreza de sangue, a superioridade das nações. Tudo isto é indiferente. Para eles, "todos os povos são capazes de alcançar a virtude; nenhum homem é escravo por natureza. O conceito de escravidão, agora, é diferente e depende da sabedoria ou da ignorância: "o sábio é verdadeiramente livre; o ignorante é o verdadeiro escravo". Tudo isto porque "o *logos* criador estabeleceu a igualdade entre os homens". Esta visão de sociedade ajudou os pensadores do início do cristianismo a dar consistência filosófica à universalidade da mensagem bíblica, à paz entre todos os povos e à liberdade para todos os indivíduos.

Comentário: comparando doutrinas

Do ponto de vista ontológico, a teoria cósmica estoica tem muitos elementos platônicos e neoplatônicos. Mas com notáveis diferenças: no estoicismo, a imanência inclui a transcendência, ou a "região superior do cosmos", platônico e a trindade do Uno, Inteligência e Alma do mundo dos neoplatônicos. No cristianismo a transcendência é absoluta; o espírito divino e a alma inteligente não procedem, nem emanam do cosmos; Deus cria o mundo do nada; Deus, fundamento da existência, da vida e do movimento, está fora do mundo criado. Em síntese, no estoicismo temos a imanência absoluta; no cristianismo a transcendência absoluta; e, no neoplatonismo, a transcendência na imanência, como em Platão. Estas três configurações cósmicas foram um tema central do início do cristianismo até Santo Agostinho, que firmou a visão cristã da transcendência absoluta.

Do ponto de vista ético, a doutrina estoica emana diretamente da visão da natureza como um ser ontologicamente uno, único e divino que tudo destina e determina. Daí deduziram facilmente a norma fixa e definitiva da conduta moral: submissão à lei cósmica eterna, *Naturam sequere*! (siga a natureza).

Sob este aspecto, muitos intérpretes cristãos, antigos e modernos, consideram a ética estoica mais perfeita que a de Aristóteles, para o qual a norma moral nunca é definitiva. A ética do estagirita é sempre uma ética equilibrada, proporcional, ponderada, pesada, é o meio-termo entre extremos. Neste meio-termo consiste a moral e a virtude.

Por exemplo, a coragem é a virtude do meio-termo entre os extremos viciosos da covardia e da temeridade. Finalmente a ética de Aristóteles, para os antigos cristãos, é subjetiva, porque o meio-termo, em muitas situações, é definido por um sábio prudente e experiente da vida. Pelo contrário, a moral estoica se baseia na relação entre nossas ações e o princípio divino que é a natureza.

A razão eterna governa o cosmos e é o tribunal objetivo de nossas escolhas morais subjetivas. A lei eterna abrange as leis da natureza; a lei moral do homem, todas as leis positivas e o direito dos estados. Em síntese, todas as normas emanam da natureza, razão divina imanente no mundo. Por isso, "lei natural divina regula e mede o que é justo e injusto" (Zenon). Esta era também a sentença de Cícero: *lex est ratio summa, invicta in natura, quae jubet ea quae facienda sunt, proibet que contraria*.

É com esta doutrina que o cristianismo nascente se encontrou. Santo Agostinho a adaptou à moral cristã por inteiro, escoimando-a dos pontos inaceitáveis, como a natureza cósmica eterna e divina. Segundo a fé bíblica, o mundo foi criado por uma decisão de Deus pessoal que tudo fez a partir do nada, sendo ontologicamente distinto de sua criatura. Para os estoicos, "fora do cosmos não há nada, senão o vazio de existência"; segundo eles, "do *logos* nascem todas as coisas e todas são uma dimensão dele". Também a primeira grande confissão de fé cristã (325) sustenta que "todas as coisas foram feitas pelo Verbo", porém como criaturas feitas a partir de nada preexistente. Daqui emerge outro grande assunto, fundamental para estoicos e cristãos: o conceito da providência. Para os primeiros a providência é destino imanente ao mundo, pois a natureza é a divindade que tudo estabelece por determinação irrecorrível e imutável; para os segundos, a providência divina, distinta do cosmos, tudo providencia paternalmente, bondosamente tanto para bons como para maus, devendo cada um prestar contas "dos talentos recebidos no juízo final".

É impressionante saber que o conceito de lei eterna é literalmente comum a estoicos e primeiros teólogos cristãos. Agostinho adota *ipsis literis* a definição da lei natural de Cícero, acima recordada. Apenas (e aqui aparece a diferença) Agostinho colocou a lei eterna em Deus criador, "arrancando-a" da natureza cósmica estoica.

Nesta confrontação estoicismo-cristianismo está também o conceito de bem e mal moral. Notadamente o grande mestre dos primeiros séculos, Santo Agostinho, absorveu praticamente toda a ética estoica, inclusive no menosprezo dos bens materiais, da beleza física, sobretudo a da mulher. Mas os cristãos tomaram o conceito de *oikeiosis* ou "apropriação de si mesmo" de modo muito limitado e restrito à própria individualidade. Enquanto a "apropriação" estoica visava a adaptação do indivíduo à natureza e com ela conviver tranquilamente, os intérpretes cristãos, em sua maioria, entenderam a "apropriação" como o famoso *atende tibi*: olha para você mesmo, na tua interioridade, refugia-te na tua consciência, pois aí "Deus está e te convoca forte e suavemente". Esta fuga do mundo contraria frontalmente a doutrina estoica.

Portanto, para os estoicos, a ética trata do bem moral e do mal moral; os bens materiais, os acontecimentos favoráveis ou catastróficos, doença ou saúde são todos indiferentes. Esta indiferença marcou profundamente a tradição cristã até hoje.

LEITURA DE TEXTOS DOS ESTOICOS

Observação inicial: para os estoicos, viver eticamente é viver conforme a natureza ou viver segundo nossa razão; viver assim é, ao mesmo tempo, conformação com a natureza universal. Assim, as ações atuais da nossa vida moral se adaptam ao ritmo da vida universal. Confirmam esta teoria os extratos que seguem. Quero observar que, quando ocorre o termo apatia, não significa passividade, mas um profundo esforço de manter-se no *logos* (natureza) absoluto e nele viver.

I. Textos sobre a ética

1) Fundamento cósmico da ética

Plutarco: "Não há meio mais apropriado para chegar à teoria dos bens e dos males, das virtudes e da sabedoria do que partir da natureza universal e do governo do mundo".

Cícero: "Aquele que quer viver de acordo com a natureza deve de fato partir da visão do conjunto do mundo e da providência. Não se pode julgar verdadeiramente os bens e os males sem conhecer todo o sistema da natureza e da vida dos deuses, nem saber se a natureza humana está ou não de acordo com a natureza universal. E não se pode ver, sem a física, que importância (e ela é imensa) têm as antigas máximas dos sábios: 'Obedeça às circunstâncias, siga Zeus, conhece a ti mesmo, nada em excesso'".

Sozinho, o conhecimento dessa ciência pode nos ensinar o que pode a natureza na prática da justiça, na conservação de nossas amizades e afeições. A piedade para com os deuses e o reconhecimento que lhes é devido não podem tampouco ser entendidos sem um conhecimento detalhado da natureza".

2) Finalidade da ética: viver conforme a natureza

Zenão: "O fim da ética é viver em conformidade com a natureza, e isto significa viver segundo a virtude, pois a natureza nos conduz à virtude".

Zenão: "Apatia é felicidade; esta consiste na imperturbabilidade do *logos*. Todas as paixões perturbam o espírito; são um erro, um desvio da razão; por isso "devem ser extirpadas assim que surjam". O sábio cuida do *logos* para que seja o mais reto possível, e não permitirá que as paixões cresçam em sua alma".

Crisipo: "Nossa natureza é parte daquela do universo; viver conforme a natureza quer dizer, ao mesmo tempo, viver a nossa própria e a do universo; por isso não podemos fazer atos que a lei comum costuma interditar. Esta lei é o *logos* que percorre todas as coisas, *logos* que é idêntico a Zeus, chefe do governo de todos os seres. Nisto consistem a virtude e a felicidade da vida: tudo deve ser realizado em acordo harmonioso entre o *daimon*, que habita em cada um de nós, e a vontade do governador do universo".

3) Atitude ética fundamental
Diógenes: "Nos seres vivos se acrescenta o instinto com o qual seguem rumo ao que lhes é próprio; para estes seres, o comportamento segundo a natureza consiste em seguir o impulso instintivo. Mas quando a razão é dada aos seres racionais tendo em vista uma regulação mais perfeita e justa, para estes, viver segundo a natureza quer dizer viver segundo a razão. Esta se acrescenta como um artesão que trabalha sobre o instinto". "Assim, todo o ser vivo, ao ser constituído pela natureza, apropria-se de sua própria constituição; assim ele repele o que lhe é nocivo e procura aquilo que lhe é próprio".

Cícero: "Conservar-se na sua constituição natural é a primeira e essencial atitude do ser vivo. Em seguida, vem o valor das coisas. O valor ou não valor de uma coisa depende de sua conformidade ou não conformidade com nossa natureza. Nossa natureza apega-se ao que lhe serve e repele o que não lhe serve. Este é o início da sabedoria. E sábio é aquele que vive conforme sua natureza que, por sua vez, conforma-se com a natureza universal".

4) Ética do tudo ou nada
A ética não tem graus, nem momentos intermediários: somos ou não somos morais.

Plutarco: "Aquele que no mar encontra-se um palmo abaixo da superfície não sufoca menos do que aquele que mergulhou quinhentas braças. Do mesmo modo, aquele que se aproxima da virtude moral ainda está no vício como aquele que dela se encontra distante. O cego é cego, ainda que proximamente deva recuperar a vista. Assim, os homens que estão melhorando continuam sendo insensatos e maus, até que tenham alcançado a virtude".

Crisipo: "As virtudes são consequências umas das outras reciprocamente; não apenas porque uma tem todas as outras, mas porque agir segundo uma delas é agir segundo todas elas. Por isso, o homem que não tem todas as virtudes não é moral; e aquele que não realiza cada uma de suas ações segundo todas as virtudes, não realiza um ato perfeito".

5) Graus dos valores: preferíveis, respeitáveis e indiferentes

O seguimento da natureza define o que é bem e felicidade; define também o que é mal e infelicidade. Entretanto, a vida comporta outras ações e situações que escapam da definição moral e que fazem parte do dia a dia. De fato, existem coisas e situações que apreciamos e estimamos como valores positivos, negativos ou indiferentes. Por exemplo, positivo é ter saúde, integridade física, ausência de dor; apreciamos também a riqueza e a glória; consideramos valores negativos a dor, a doença, perda de órgãos, como ouvidos, olhos; negativa é também a pobreza e a desonra.

Cícero: "Visto que o Bem ocupa sempre o primeiro lugar, aquilo que chamamos de coisa preferível não deve ser nem um bem nem um mal. Damos a esta realidade a seguinte definição: é uma coisa indiferente dotada de um valor médio. É indiferente, para o sábio, ser rei ou escravo. A indiferença o torna plenamente livre, ou autárquico, autônomo". Pratiquemos, pois, a ataraxia (apatia).

6) Destino inelutável
Epíteto: "Na verdade, tudo acontece em conformidade com o Destino. Então o mundo é um palco onde cada um representa o papel que o Destino lhe traçou. Portanto, se nasceste escravo, seja um bom escravo porque nunca te libertarás e inútil será a rebelião; se nasceste para ser um soldado, seja um bom soldado porque nunca mudarás esta condição traçada por Zeus; se nasceste para ser rei, seja um bom rei porque esta é a estrela que a natureza te destinou".

Cícero: "A lei natural é uma lei divina que possui força de regular e medir o que é justo e o que é injusto".

Zenão: "Ao mesmo Zeus chamarás Natureza Universal, Destino e Necessidade; e isto é também a justiça e o direito, a unidade e a paz entre os povos".

Crisipo: "Aquele que a Natureza destinou a ter razão também o destinou a ter reta razão e, com ela, a lei, e, com a lei, também o que é justo".

7) A fonte das paixões
Crisipo: "Não seria verossímil, com efeito, que a natureza tenha tornado o ser vivo estranho a si mesmo, tampouco que, depois de tê-lo feito, ela não o tenha tornado estranho ou apropriado a si mesmo. Resta então dizer que, ao constituí-lo, ela o tornou apropriado a si mesmo; é assim de fato que ele repele aquilo que lhe é nocivo e procura aquilo que lhe é próprio".

Cícero: "A fonte das paixões é o excesso, quer dizer, um desfalecimento do espírito inteiro e da razão direita, tão afastada de seus preceitos que não se pode mais governá-la nem reter os pendores da alma".

"Da mesma forma então que a justa medida acalma os pendores, os faz obedecer à razão direita e conserva os julgamentos refletidos do espírito, do mesmo modo o excesso que lhe é hostil, suprime toda a estabilidade da alma ao enervá-la, perturbá-la e excitá-la; e é por isso que ele engendra os sofrimentos, os temores e todas as demais paixões. A sabedoria então é a saúde da alma, e a falta de sabedoria uma espécie de saúde má (*insanitas*) que é loucura (insânia) e também demência".

Cícero: "Se tudo acontece pelo destino, tudo é o efeito de uma causa anterior; e se a tendência (*adpetitus*) é um efeito, igualmente o é o que se segue à tendência; portanto, também o assentimento. Mas se a causa da tendência não está situada em nós, a tendência tampouco está em nosso poder; se isso é assim, os efeitos da tendência tampouco estão em nós; portanto, nem o assentimento nem a ação se encontram em nosso poder. De onde resulta que nem o elogio é justo, nem a culpa, nem as recompensas, nem os castigos".

8) As paixões: matam a razão
As paixões são obstáculo e desvio da racionalidade pessoal e cósmica. Por isso importa erradicá-las da vida do sábio.

Zenão: "A paixão é o movimento da alma irracional e contrária, portanto, à natureza; é um impulso excessivo; é um movimento da alma que se afasta da razão e que é contrário à natureza. Na lista das paixões estão o sofrimento, temor, desejo e prazer".

Cícero: "O sofrimento é contração insensata; o temor é a antecipação de um mal; o desejo é uma tendência irracional que gera frustrações, ódio, disputas e ressentimento; o prazer é uma exaltação irracional que gera deleite, alegria maldosa, transbordamento irracional". Só a apatia nos cura desses males.

Ainda Cícero: "Fonte das paixões é o excesso que é 'um desfalecimento do espírito e da razão'. A razão perde o controle dos apelos da paixão; a justa medida os continha sob a vigilância da razão, mas o excesso suprime toda a estabilidade da razão".

9) A eupathia: *paixão boa*
Segundo os estoicos temos três "paixões boas" (*eupatheiai*): a alegria, a circunspecção e a vontade. A alegria é a exultação da alma de bom-senso a respeito de um objeto, uma pessoa ou um cenário desejável; alegramo-nos ao encontrar uma pessoa querida ou ao contemplar um panorama grandioso. A circunspecção consiste em evitar aquilo que o bom-senso manda evitar; é diferente do temor que é sempre a espera de algum mal. Enfim, o desejo é uma tendência do bom-senso que nos orienta para o belo e o bem conveniente à nossa natureza e conforme a natureza universal.

Cícero: "Todas as perturbações da alma são doenças que afetam os não sábios; a saúde da alma está na tranquilidade e ataraxia dos sábios. Mas as paixões estão completamente em nosso poder, dependem de nosso julgamento. Elas tentam submeter-nos e tornar-nos escravos de nós mesmos, mas quem segue a sua razão e a natureza universal vencerá".

10) Outros textos de ética geral
Crisipo: "Não há outro meio, nem mais apropriado, para chegar à teoria dos bens e dos males, das virtudes e da sabedoria senão a partir da natureza universal e do governo do mundo".

Plutarco: "Nossas naturezas são partes daquelas do universo. É por isso que o fim se torna: viver conforme a natureza, quer dizer, ao mesmo tempo a sua própria e a do universo, não produzindo com nossas ações nada daquilo que a lei comum costuma interditar, a saber, a razão que percorre todas as coisas, essa razão idêntica a Zeus, que é o chefe do governo dos seres.

E é nisso que consiste a virtude e a facilidade da vida feliz, quando tudo é realizado segundo o acordo harmonioso do demônio que habita cada um com a vontade do governador do universo".

Zenão: "Quando nos seres vivos se encontra acrescentada, além disso, o impulso que eles utilizam para seguir no sentido daquilo que lhes é próprio, para esses seres vivos o comportamento conforme à natureza consiste em serem governados em conformidade com o impulso. Mas, quando a razão é dada aos seres racionais tendo em vista uma regulação mais perfeita, de forma justa, para eles, viver segundo a natureza torna-se viver segundo a razão. Esta vem de fato se acrescentar como um artesão (trabalhando) sobre o impulso.

Cícero: "Como os atos que chamo 'convenientes' têm como ponto de partida os motivos principais da natureza, é necessário que sejam relacionados, mas de modo que se possa dizer legitimamente de todos que o fim ao qual se relacionam é atingir os princípios originários da natureza.

Porém não o de encontrar neles o bem primeiro, visto que, nas primeiras acomodações da natureza, não há lugar para a ação moral, esta ação sendo uma sequência e vindo, como já o disse, somente mais tarde; o que, aliás, não a impede de estar de acordo com a natureza e de exercer sobre nós uma atração muito maior que aquela de todas as tendências anteriores.

Mas há, naquilo que precede, uma causa de erro, que é preciso suprimir desde o início, para se evitar chegar à conclusão de que existem dois bens soberanos. Nós somos, de fato, quando falamos de um fim derradeiro dentro da série dos bens, como alguém que tivesse a intenção de atingir um objetivo com uma lança ou com uma flecha. Numa comparação dessas, o atirador deveria fazer tudo para atingir o alvo, e, contudo, é o ato de fazer tudo aquilo através do que a intenção pode ser realizada que seria, se posso dizê-lo, seu fim derradeiro, correspondendo ao que chamamos, quando se trata da vida, o soberano bem; enquanto o ato de acertar o alvo seria apenas uma coisa que merece ser pesquisada por ela mesma".

"Como todos os convenientes têm como ponto de partida as tendências primeiras da natureza, essas mesmas tendências são forçosamente também o ponto de partida da sabedoria".

"Assim, não é nem um pouco surpreendente que originariamente sejamos recomendados à sabedoria pelas tendências iniciais da natureza e que, em seguida, a própria sabedoria nos pareça mais cara que as tendências de onde partimos em sua direção".

Cícero: "Aquele que quer viver de acordo com a natureza deve de fato partir da visão do conjunto do mundo e da providência. Não se pode julgar verdadeiramente os bens e os males sem conhecer todo o sistema da natureza e da vida dos deuses, nem saber se a natureza humana está ou não de acordo com a natureza universal. E não se pode ver, sem a física, que importância (e ela é imensa) têm as antigas máximas dos sábios: 'Obedeça às circunstâncias, siga Zeus, conhece a ti mesmo, nada em excesso'.

Sozinho, o conhecimento dessa ciência pode nos ensinar o que pode a natureza na prática da justiça, na conservação de nossas amizades e afeições. A piedade para com os deuses e o reconhecimento que lhes é devido não podem tampouco ser entendidos sem um conhecimento detalhado da natureza".

II. Textos sobre a física (mundo)

Crisipo: "O mundo é um ser vivo, racional, animado, inteligente, como está claro, a partir de nossa própria alma, que dele é um fragmento".

Cleantes: "O mundo é uno e é limitado, tendo uma forma esférica, a mais apropriada ao movimento. Fora do mundo se espalha o vazio infinito, que é incorpóreo. É incorpóreo aquilo que pode ser ocupado pelos corpos, mas não está ocupado".

Zenão: "É certo que respiramos e vivemos por uma única e mesma coisa. Ora, nós respiramos pelo sopro conatural; portanto, vivemos também pelo mesmo sopro. Ora, nós vivemos pela alma. Percebe-se então que a alma é o sopro conatural".

Cícero: "A causa é o que produz aquilo de que ela é a causa, como a ferida em relação à morte, a indigestão em relação à doença, o fogo e o calor. Não se deve, portanto, entender como causa aquilo que precede um acontecimento, mas aquilo que o precede produzindo-o".

Diógenes: "Zeus é artesão da ordem universal, destruindo (e assimilando) em si mesmo, segundo as circunstâncias, períodos de tempo, a totalidade da substância e novamente engendrando-a a partir de si mesmo. Eles dizem que a própria ordem universal [dos astros] é também um mundo. E, num terceiro sentido, (é) aquilo que é constituído pelos dois de uma vez".

Crisipo: "A substância inteira é unificada por um pneuma que a percorre inteiramente, assim o universo é contínuo e torna-se consistente e simpático a si mesmo, causa das causas".

III. Textos sobre os deuses

Cleantes: "Deus é um ser vivo imortal, racional, perfeito e inteligente vivendo na beatitude, não podendo acolher em si nada de mal, exercendo uma providência sobre o mundo e sobre os seres que estão no mundo". "Zeus é demiurgo do universo e, por assim dizer, o pai de todas as coisas; recebe múltiplas denominações".

Diógenes: "Zeus é artesão da ordem universal, destruindo (e assimilando) em si mesmo, segundo as circunstâncias, períodos de tempo, a totalidade da substância e novamente engendrando-a a partir de si mesmo. Eles dizem que a própria ordem universal [dos astros] é também um mundo. E, num terceiro sentido, (é) aquilo que é constituído pelos dois de uma vez".

Cleantes: "Diverge-se sobre a natureza dos deuses, mas ninguém nega sua existência. As noções dos deuses se formaram nos espíritos humanos por várias causas. Duas são principais: a primeira é o pavor que produzem dentro das almas o relâmpago, os furacões, as nuvens, o granizo, as devastações, as epidemias, os terremotos e os ruídos subterrâneos, as chuvas de pedra, as gotas sangrentas na chuva, os desabamentos e os abismos que se abrem na terra, os monstros contra a natureza dentro dos homens e dos animais, as flamas que vemos nos céus, as estrelas chamadas de cometas pelos gregos e por nós de astros cabeludos, que, na guerra recente de Otávio, foram mensageiras de grandes infelicidades, o duplo sol [...]; no seu pavor, os homens suspeitaram que havia aí alguma força celeste e divina.

A segunda causa, e a principal, é a regularidade do movimento, a revolução do céu, a distinção entre o Sol, a Lua e todas as estrelas, sua utilidade, sua beleza, sua ordem; a visão de coisas semelhantes, por si só, demonstra suficientemente que não se devem ao acaso.

Se entramos numa casa, num ginásio ou numa praça, observando a disposição, a medida, a organização de todas as coisas, não podemos crer que tudo aquilo se fez sem causa, e podemos ver bem que há alguém que está no comando e que é obedecido; da mesma forma e muito mais, em todos os movimentos, em tantas sucessões, na ordem de coisas tão numerosas e tão grandes que, na duração infinita e sem medida, jamais foi desmentida, devemos certamente concluir que uma inteligência governa esses tão grandes movimentos naturais".

Cícero: "Aquele que quer viver de acordo com a natureza deve de fato partir da visão do conjunto do mundo e da providência. Não se pode julgar verdadeiramente os bens e os males sem conhecer todo o sistema da natureza e da vida dos deuses, nem saber se a natureza humana está ou não de acordo com a natureza universal. E não se pode ver, sem a física, que importância (e ela é imensa) têm as antigas máximas dos sábios: "Obedeça às circunstâncias, siga Zeus, conhece a ti mesmo, nada em excesso".

Sozinho, o conhecimento dessa ciência pode nos ensinar o que pode a natureza na prática da justiça, na conservação de nossas amizades e afeições. A piedade para com os deuses e o reconhecimento que lhes é devido não podem tampouco ser entendidos sem um conhecimento detalhado da natureza".

Plutarco: "Assim como aquele que, no mar, encontrando-se um palmo abaixo da superfície não se sufoca menos do que aquele que mergulhou quinhentas braças, da mesma forma aqueles que se aproximam da virtude estão no vício tanto quanto aqueles que dela se encontram distantes; e do mesmo modo que os cegos são cegos, ainda que devam logo recuperar a visão, os homens que estão melhorando continuam sendo insensatos e maus, até que tenham alcançado a virtude".

"Do mesmo modo que a luz de uma lâmpada se escurece e empalidece diante do brilho do sol, uma gota de mel se perde na extensão do Mar Egeu, ou uma pepita no meio das riquezas de Creso, ou um passo na estrada que leva daqui até a Índia, assim como, se o fim dos bens é tal como o dizem os estoicos, todo o valor que os peripatéticos atribuem às coisas do corpo deve se obscurecer, cobrir-se e desaparecer diante do esplendor e da grandeza da virtude. A conduta direita e também consequente e o próprio bem que consiste no acordo com a natureza não admitem a adição de nada que possa aumentá-los".

Sêneca: "É nas fronteiras que é necessário repelir o inimigo; pois, assim que entrar e atravessar as portas, ele não aceita mais limitação da parte daqueles dos quais se apoderou.

É falso se representar o espírito como colocado à parte, e considerar as paixões do exterior, de modo que ele poderia não tolerar que elas progridam mais do que é preciso; na realidade, é o próprio espírito que se transforma em paixão (*in adfectum ipse mutatur*), e é essa força útil e salvadora que se encontra agora traída e aniquilada".

Fig. 5

Agostinho de Hipona
(354-430 d.C.)
Que é tempo? Fundamento da história
Senhor, não houve um tempo em que nada fizeste, porque o próprio tempo foi feito por ti. E não há um tempo eterno contigo, porque Tu és estável, e se o tempo fosse estável não seria o tempo. O que é realmente o tempo? Quem poderia explicá-lo de modo fácil e breve? Quem poderia captar o seu conceito, para exprimi-lo em palavras? No entanto, que assunto mais familiar e mais conhecido em nossas conversações? Sem dúvida, nós o compreendemos também o que nos dizem quando dele nos falam. Por conseguinte, o que é o tempo? Se ninguém me pergunta, eu sei; porém, se quero explicá-lo a quem me pergunta, então não sei. No entanto, posso dizer com segurança que não existiria um tempo passado, se nada passasse; e não existiria um tempo futuro, se nada devesse vir; e não haveria o tempo presente se nada existisse. De que modo existem esses dois tempos – passado e futuro –, uma vez que o passado não mais existe e o futuro ainda não existe? E quanto ao presente, se permanecesse sempre presente e não se tornasse passado, não seria mais tempo, mas eternidade. Portanto, se o presente, para ser tempo, deve tornar-se passado, como poderemos dizer que existe, uma vez que a sua razão de ser é a mesma pela qual deixará de existir? Daí não podermos falar verdadeiramente da existência do tempo, senão enquanto tende a não existir (*Confissões*, XI, 14).

História: conflito radical
Dois amores fundaram duas cidades, a saber: o amor-próprio, levado ao desprezo a Deus, a terrena; o amor a Deus, levado ao desprezo de si próprio, a celestial. Gloria-se a primeira em si mesma e a segunda em Deus, porque aquela busca a glória dos homens; esta tem por máxima glória a Deus, testemunha de sua consciência. Aquela ensoberbece-se em sua glória e esta diz a seu Deus: *Sois minha glória e quem me exalta a cabeça*. Naquela, seus príncipes e as nações avassaladas veem-se sob o jugo da concupiscência de domínio; nesta, servem em mútua caridade, os governantes, aconselhando, e os súditos, obedecendo (*Civitas*, XIV, 28).

9
AGOSTINHO DE HIPONA: DUAS CIDADES

Agostinho de Hipona, que veio para o cristianismo trazendo muitos elementos da filosofia estoica e neoplatônica, influenciou, quase sozinho, toda a filosofia e a teologia por dez séculos. Como já dissemos, na tradição neoplatônica e estoica, eram fundamentais os temas da origem do mundo, da Providência, do Uno (Inteligência e Alma do mundo), e do fluir do tempo cíclico, assuntos importantíssimos também no cristianismo que, convertido, Agostinho entendeu com mais clareza nas páginas da Bíblia. Marcou-o especialmente a meditação constante das cartas de Paulo às primeiras comunidades cristãs espalhadas pelo mundo grego e romano. Dele aprendeu especialmente a visão de mundo.

Do alto do Calvário, onde aconteceu a morte e ressurreição de Jesus, Paulo contemplou toda a história passada e futura. A história de Israel, dos impérios sírio, babilônico, persa e grego, convergem para o calvário e a história dos séculos vindouros será iluminada pela luz da Ressurreição. Jesus é o centro da história que Paulo exalta em termos eloquentes: "Cristo se fez obediente até a morte da cruz; por isso Deus o exaltou e lhe deu um nome que está acima de todo nome, para que ao nome de Jesus se dobrem os joelhos no céu, na terra e nas profundezas, e toda língua confesse que Cristo é o Senhor" (Fl 2,8-9).

Paulo, discutindo em Atenas com os filósofos estoicos e epicureus, tentou passar-lhes esta concepção de mundo e da história. Em síntese, ele começou seu discurso elogiando a religiosidade dos atenienses, expressa nos monumentos às divindades, inclusive um onde estava escrito: "ao deus desconhecido"; pois bem, "aquele que adorais sem conhecer, eu venho vos anunciar", diz Paulo; e, em termos filosóficos, falou da origem do céu e da terra; do Deus que não habita templos feitos por mão humana; do Deus que a tudo dá vida, que fixou os tempos em estações regulares e determinou os limites do homem. Tudo isto fez o Deus desconhecido para que vocês, através deste ordenamento cósmico, tentem, ainda que às apalpadelas, descobrir a divindade. E acrescentou "a divindade não está longe de nós conforme já disseram alguns dos vossos poetas: "nós somos da raça dos deuses". De fato, continua Paulo, "as coisas constam e subsistem nele; nele temos a vida, o movimento e a existência: somos semelhantes a eles" (At 17,12-31). Quando Paulo ia começar a ligar a história cósmica ao evento da ressurreição de Jesus, os filósofos o dispensaram.

Portanto, para Paulo, Jesus é "Princípio e Fim, Alfa e Ômega; a Ele pertencem os tempos e os séculos. É a partir destas grandes intuições que os teólogos, vindos da filosofia pagã, no século III redigiram a confissão de fé niceno-constantinopolitana, vivida até hoje nas celebrações litúrgicas. O texto de fundo platônico evoca também o caminho da "descida e subida" de todas as coisas segundo Heráclito. Sinteticamente, a confissão diz: "No princípio era o Verbo e o Verbo era Deus; desceu do céu, se fez homem e morou entre nós; foi crucificado, morto e sepultado no tempo de Pilatos (referência histórica fundamental); mas ressuscitou e subiu à direita de Deus; voltará para julgar o universo e começará um reinado sem fim com os que creram nele.

Mais tarde, Dionísio Pequeno (Dionysius Exiguus) encarregou-se de ordenar toda a história do mundo, em datas decrescentes, até Jesus, o marco zero; e daqui parte a contagem dos séculos e milênios depois de Jesus.

Agostinho passou da visão neoplatônica e estoica da história do mundo e humana para a perspectiva da *historia salutis* proposta por Paulo. É com este olhar que ele escreveu a monumental *A Cidade de Deus*, na qual interpretou a história do Império Romano à luz da fé cristã. Ele diz: "De todas as coisas visíveis, o mundo é a maior. De todas as invisíveis, a maior é Deus. Mas, que o mundo existe, nós vemos. Que Deus existe, nós acreditamos. Que Deus criou o mundo, nós não podemos acreditar, com segurança, a não ser do próprio Deus. Mas, onde o ouvimos? Em nenhum lugar, com toda a nitidez, do que nas santas escrituras, nas quais seu profeta disse: no princípio Deus criou o céu e a terra" (*Civitas*, XI, 4). Como bom neoplatônico, Agostinho descreve, em muitas ocasiões, a beleza, a ordem e a grandeza do mundo visível, não para explicá-lo, mas para deduzir que este mundo belo e ordenado proclama a glória de Deus (*Civitas*, XI, 4); *Confissões*, X, 4-5). É deste modo que Agostinho entendeu o discurso de Paulo em Atenas.

É claro que esta posição é diametralmente oposta às teorias do destino e do eterno retorno. Mas não é seguro que invalide as duas teorias rivais, cosmológicas, baseadas na intuição do mundo visível, enquanto a leitura de Agostinho se baseia nas realidades do mundo invisível. Sabemos que não é possível refutar a teoria alheia partindo das premissas da nossa própria. Uma teoria refuta-se somente pela crítica interna de suas premissas. A ciência limita-se ao estudo das leis do mundo da história e o mundo transcendente só é compreensível pela fé. Estes dois mundos não se explicam nem se refutam pelo confronto das coisas invisíveis e visíveis.

9.1 História cristã e história universal

Portanto, o filósofo Agostinho não fez propriamente uma filosofia da história, como fizeram Hegel, Marx e Kant, mas a partir da leitura bíblica da história universal. Para Agostinho, na esteira do Apóstolo Paulo, "a verdade, toda a verdade, já se manifestou na morte e ressurreição de Jesus. Esta é a plenitude dos tempos, *Kairós*, e da verdade, já dada, mas que ainda não chegou a todos os tempos e civilizações. A verdade plena e imutável assume a face, a roupagem do tempo, e a linguagem de cada cultura. Para Agostinho, "é o mundo ou *saeculum* que muda, não a verdade". A história do mundo está sujeita a mudanças e variações "às quais a fé se conforma, adapta-se e enriquece-se". Para Paulo e Agostinho, "Cristo cresce" e se estende no processo histórico. A mensagem de Cristo, nos tempos de Agostinho, era muito mais vasta do que no tempo em que Jesus andava pelas cidades da Palestina.

Através destes conceitos, em *A Cidade de Deus* Agostinho combate as ideias milenaristas, segundo as quais o mundo e a história terminariam no ano mil da era cristã quando iniciaria o Reino de Deus na terra, ou seja, a segunda vinda de Cristo; este período também teria a duração de mil anos de paz, felicidade e justiça entre os homens. Agostinho pensa numa só história universal, com um só início e um só fim, portanto, sem intervalos milenaristas. Este é o tempo da "peregrinação cristã" em direção do *telos* definitivo. Com esta teologia da história, Agostinho queria desautorizar o milenarismo de várias comunidades cristãs, e também de grupos judaicos. Mas, sobretudo, combatia a ideia do eterno retorno dos filósofos gregos e romanos.

Agostinho levou 14 anos (412-426) para escrever sua obra, cujo título inteiro é: *De Civitate Dei contra paganos*. O título aponta os adversários a serem criticados por suas acusações contra os cristãos; começou a escrevê-la dois anos após a invasão de Roma por Alarico, em 410. Acontecimento que abalou o império tanto quanto os israelitas se desnortearam com a destruição do Templo de Jerusalém.

A questão era que os filósofos e a sociedade romana atribuíram a queda de Roma à ausência dos deuses protetores da cidade e do império e à intromissão "daqueles ateus seguidores de apenas um deus". Agostinho ridiculariza os deuses romanos que "nunca protegeram o império; ele se tornou grande pela força e virtudes dos exércitos, pela habilidade dos imperadores e também pela violência usada para exterminar nações hostis como fizeram com o povo judaico. Critica os pagãos e algumas comunidades cristãs que exaltavam a importância do império e de Roma como centro do mundo. Para Agostinho, é Jerusalém a eterna capital da fé.

Para Agostinho, que lê a história do império do ponto de vista da história da salvação, o papel da Roma Imperial é o de garantir a ordem e a paz política para que se difunda a mensagem cristã: "Roma não é obra dos deuses, mas dos homens que a edificaram com competência; sua existência é boa e útil enquanto preserva a paz e a justiça; o que é decisivo na história não é a grandeza e a glória efêmeras dos impérios, mas a sua inserção na história da salvação que se realizará num tempo que há de vir". Então o sentido da história está na sua referência a dois polos: princípio e fim absolutos, centralizados no supremo acontecimento, o Cristo, que é o acontecimento escatológico, já-realizado, mas ainda não plenamente revelado aos séculos da história subsequente.

Agostinho entende a história como dialética ou conflito entre duas cidades: a celeste e a terrestre. Não são nem a Igreja cristã e nem o império organizados e visíveis.

São duas cidades místicas formadas de homens bons e maus. A cidade terrestre tem seu marco inicial em Caim e a celeste, em Abel. Caim é o cidadão deste *saeculum*; Abel está neste *saeculum peregrinans*; caminhando, em trânsito para a escatologia gloriosa. Os descendentes destes dois irmãos vivem *in hoc saeculo*, que é de Caim, enquanto os habitantes da cidade celeste estão aqui, mas em "trânsito", *sunt sicut peregrinantes*. Para Agostinho, nesta peregrinação está o verdadeiro sentido da história e não no progresso material, político e cultural.

Estas duas cidades místicas, imaginadas, tomam corpo real na Igreja e no império. Agostinho tira daí inúmeras comparações, sempre conflitivas: a Igreja convive com a história dos homens, acompanha e atua nos acontecimentos; usa as realidades terrestres desde que sejam úteis à peregrinação rumo "à casa do Senhor". Os impérios são governados pela ambição do poder, pelo orgulho, pela vaidade. A Igreja é regida pela submissão ao plano eterno de Deus, com humildade, verdade e justiça. A primeira cidade é *Vanitas*, vazia de sentido, enlouquecida pelas suas conquistas; e a segunda é *Veritas*, "esplendor da eterna sabedoria". A cidade terrestre é biológica, gerada por homens e mulheres; a cidade celeste "é gerada pelas águas batismais que dão nascimento ao novo homem, segundo o apóstolo"; a primeira gera para o tempo; a segunda, para a eternidade; nela "cresce o amor a Deus até o desprezo de si mesmo; na outra, vigora o amor de si até o desprezo de Deus"; "os filhos da luz consideram sua peregrinação um tempo de "Desejo da Cidade eterna à qual chegarão"; pelo contrário, os filhos das trevas "invocam deuses cegos e surdos, ídolos de pedra e barro; pensam em gozar de prazeres e vícios". Agostinho tira toda esta dialética inspirado em passagens bíblicas "que são a Palavra da Verdade" (*Civitas*, XIV, 28).

Em síntese, *A Cidade de Deus* quer mostrar como Deus intervém na história humana e nos acontecimentos naturais; é uma tentativa de entender os caminhos da Providência que conduz as intenções do homem de alguma maneira. Nós não temos clareza de como Ele nos conduz: "por que, oh! Senhor, nasce o sol da prosperidade para os filhos de Caim? Por que sobre os filhos de Abel se abatem sofrimentos e dores, como na história de Jó, homem justo?"

Como vários outros pensadores anteriores e posteriores, Agostinho considera a história por épocas. Primeiro, divide a Bíblia em seis períodos, em recordação dos seis dias da criação. O primeiro, de Adão até a destruição da humanidade no dilúvio; o segundo, de Noé a Abraão; o terceiro de Abraão a Davi; o quarto, de Davi ao cativeiro na Babilônia; o quinto, daqui até o advento de Cristo; por último, o período que vai entre as duas vindas de Cristo, quando termina a história, tempo que ninguém sabe ao certo.

Esta periodização, diz Agostinho, é semelhante às seis idades do homem: nascimento, infância, juventude, princípio da idade viril, adulto e velhice. Leva em conta, nesta divisão, três épocas do processo espiritual da história: a infância, onde não vigora a lei; a idade adulta sob a lei dos homens e governantes; a idade madura até a velhice sob "a suave lei do amor e graça do Senhor Jesus".

Porém, Agostinho, que gostava do império em que nasceu e se educou, que admirava Virgílio, Cícero, outros sábios, não quis dividir a história segundo as épocas de Roma porque ela é efêmera. Diz ele: "No que concerne a esta vida mortal, que passa rapidamente, que importa sob qual domínio vive um homem mortal se aqueles que governam não o forçarem à impiedade e à iniquidade?" (*Civitas*, vols. 17 e 21). Para ele, como platônico, a consideração do progresso e do declínio do mundo são insignificantes face ao único verdadeiro progresso, "o regresso do peregrino do mundo superior e à Casa do Senhor". Para o cristão "existe apenas uma ordem no mundo, o plano divino da salvação; ao contrário, a história dos impérios avança por uma infinidade de vaidades e de prazeres ébrios".

Portanto, *A Cidade de Deus* é uma meditação sobre a trajetória do cristão rumo à "Celeste Jerusalém": uma "história secreta", feita de fé e esperança, que passa por dentro da história do mundo profano; "fica invisível para quem não tem a luz da fé".

9.2 Esboço de *A Cidade de Deus*

É a maior obra de Agostinho, escrita em 22 livros. Profundamente impressionado com o saque de Roma, acontecimento com a repercussão de um terremoto que muitos interpretaram como o início do fim do mundo, Agostinho aproveita esta circunstância aterradora para levar uma interpretação aos cristãos, fazendo, para isso, uma meditação original e global sobre o sentido da história. A obra, polêmica, apologética, e em parte arbitrária, desmonta as acusações dos filósofos pagãos contra os cristãos. Em 325 Constantino decretou que a fé cristã seria, de agora em diante, a religião do Império Romano. Isto significava a expulsão dos deuses, fato que os romanos e os filósofos não toleraram. Argumentavam que o deus dos cristãos era apenas um, e muito fraco para proteger Roma. Esta caiu pela ausência das divindades protetoras que levaram Roma à suprema glória. Agostinho contra-argumenta mostrando que é a força salvadora da fé cristã que conduz a história e os seres humanos à verdadeira felicidade eterna e não os deuses de pedra e barro.

Agostinho, habilmente, faz duas coisas: elogia Roma e o império, mas trata com extrema severidade "os deuses incapazes de ouvir e socorrer quem quer que seja". É verdade, Roma foi saqueada pelos hunos, liderados por Alarico. Mas o que fizeram? Nada mais que derrubar muros; o povo romano não foi aniquilado. Citando Salústio, Agostinho mostra que Roma já tinha caído, pois sua população, há muito tempo, vivia em vícios e costumes dissolutos. Então, "os romanos já estavam rendidos a eles mesmos; agora, também os muros tombaram sob a fúria dos saqueadores".

Trata-se de uma obra, ao mesmo tempo histórica, filosófica e teológica, uma *summa* dez séculos antes de Santo Tomás. *A Cidade de Deus* consta de duas grandes partes: Nos livros I-X, Agostinho faz a filosofia da história de Roma; enaltece o valor, a bravura e virtudes dos fundadores, mas não poupa as atuais gerações romanas "entregues ao ócio e às vaidades". A segunda parte (XI-XXII) começa com a história de Israel que conduz a Cristo e à Igreja, "perene, universal e divina que caminha para a nova Jerusalém".

Agostinho imagina duas cidades, a do mal, e a do bem. O gênero humano está inserido nestas duas cidades que convivem, cada uma prometendo um fim feliz. A diferença está exatamente nas promessas: "a primeira promete glórias temporais; a segunda, as alegrias espirituais de viver em Cristo, com os santos na Igreja; uma é a cidade dos injustos, e outra, a cidade dos justos".

Após a apresentação geral de *A Cidade de Deus*, vejamos agora alguns detalhamentos.

Nos primeiros livros (I-X), Agostinho, deixando por um pouco o tom apologético, faz uma linda análise da história da civilização romana. Apoia-se na autoridade de Varom, autor das Antiguidades, de Salústio, nas obras de Cícero, que conhecia muito bem, e em vários outros filósofos. Mostra toda a simpatia por Platão e Plotino; admira especialmente a obra de Porfírio *De regressu animae*. É sobretudo nesta primeira parte que Agostinho se revela o primeiro mestre a fazer a filosofia da história e da sociedade. Refletindo sobre o sentido da convivência, ele assume a definição de Cícero da sociedade política: "a multidão de homens razoáveis, associados com propósito comum: amar as mesmas coisas". Para Agostinho, "o fim primordial da sociedade, onde vivem justos e injustos, é a construção "da paz que consiste na tranquilidade da ordem de todas as coisas" (*Pax tranquilitas omnium rerum ordinis*); esta definição foi usada em toda a Idade Média até hoje. Para ele, o fundamento da paz é "o amor e a justiça". Sob esta bandeira, diz ele, "podem unir-se todos os povos, mesmo os mais estranhos", distantes e desconhecidos. Provavelmente herdou esta visão universalista lendo os estoicos e meditando a Bíblia.

Na segunda parte (XI-XXII) dedica-se com toda alma à Igreja. O foco central é a felicidade eterna, na escatologia, "na Santa Cidade da Verdade, Luz e Vida". Tendo este imenso horizonte por foco, analisa a história da vida cristã, da humanidade e de todos os acontecimentos da história. A escatologia aponta, com clareza única, o sentido último de todo o peregrinar humano. Este é o fecho apoteótico que só podia ser sugerido pela revelação bíblica que animou todas as obras de Agostinho, sobretudo sua teologia e filosofia da história. Ao terminar *A Cidade de Deus* ele escreve: "parece-me, com o auxílio de Deus, que saldei a dívida contraída. Que me perdoe quem achar que eu disse pouco ou demasiado. E quem estiver satisfeito não dê graças a mim, mas a Deus comigo" (*Civitas*, XXII, 30).

A Cidade de Deus tem uma base importante na teoria do tempo, genialmente incluída por Agostinho no livro das *Confissões*. Até hoje, a crítica, filosófica e histórica, trabalha a teoria do tempo de Agostinho. O tempo não existe em si; ele é a duração das coisas; "o tempo não podia existir antes do tempo e nem antes das coisas das quais é a duração" (*Confissões*, XI, 9). O filósofo Bergson inspira-se nesta concepção do tempo para escrever a grande obra *L'evolution creatice*, cujo conceito básico é "La durée des choses". Para Agostinho o tempo não pode ser eterno como Deus. Só pode ser entendido como algo criado com as coisas; são elas que duram. Por isso, ele defende a tese da criação do mundo simultaneamente com o tempo; a mutabilidade e o movimento (tempo) aparecem nas e com as coisas criadas em seis dias. Agostinho crê, com esta afirmação, refutar a tese pagã de um mundo autocriado pelo processo do eterno retorno, teoria incompatível com a fé na realização definitiva do homem além do tempo; enfim, segundo Agostinho, as teorias pagãs contemplam o mundo visível, pela ordem e beleza que mostram, enquanto a fé, pela beleza do mundo, alça-se à eterna beleza para além de qualquer tempo" (*Confissões*, X, 27).

9.3 Observação crítica

A Cidade de Deus e *As confissões* são as obras de Agostinho mais comentadas e estudadas na Idade Média e na Idade Moderna até Hegel. Hoje nós a entendemos mais criticamente. Agostinho é um apaixonado por Cristo e pela Igreja peregrina. Embora defendesse que ela, a "Celeste Jerusalém", cresce dentro e com a "Cidade terrestre", cria uma diferença e uma distância infinita entre ambas. A cidade celeste é demasiadamente pura, não leva nenhuma mancha ou marca das realidades temporais: ela é perfeita demais, enquanto a cidade terrestre é pecadora demais. Ademais, Agostinho defende uma providência muito distante, completamente transcendente. Neste sentido, séculos depois, Vico será muito mais feliz ao integrar a mesma divina providência no processo histórico do mundo através da liberdade do homem, como veremos adiante.

Agostinho é vitima deste providencialismo exagerado. Poucos anos depois da conversão à fé cristã, ele, por influência das cartas de Paulo, concluiu que nossa inteligência e liberdade são absolutamente insuficientes para nos orientar nos caminhos da verdade e do bem. "Sem a força e luz de Deus, permaneceremos nas trevas e faremos as obras das trevas". Esta visão pessimista aparece claramente nas suas mais profundas obras. Por exemplo, nas *Confissões* lemos passagens de uma elevação espiritual dificilmente alcançável (*Confissões*, IX, 10; X, 6; X, 27) ao lado de páginas que mostram a miséria moral do homem, incapaz de abandonar os vícios sem a poderosa mão de Deus (*Confissões*, X, 28; X, 30; X, 41); porém, apesar de tudo, esperamos em Deus (X, 42) (Os textos citados estão no fim deste capítulo).

O estilo apologético de Agostinho, onde a verdade e o bem estão só de um lado, guarda uma lembrança da Escola Maniqueísta que ele defendeu quando pagão. Este estilo é inaceitável hoje, época ecumênica, pluralista e respeitosa das outras concepções do mundo.

Apesar de tudo, este é Agostinho de Hipona: inteligência genial e frágil; mestre inconteste do Ocidente e perdido nas trevas de seus conflitos íntimos; capaz de juntar a melhor mensagem ética do amor cristão com a melhor tradição platônica, e perder ao mesmo tempo a confiança na razão e na liberdade humana. Ele existiu assim e não como um devoto que sempre navegou nos mares da fé sem conflitos. Ele foi uma existência aflita e conflitiva, um "existencialista e um fenomenólogo" muitos séculos antes que estas teorias aparecessem: ele é nosso contemporâneo e mestre da vida coerente.

LEITURA DE TEXTOS DE AGOSTINHO
1) A criação do mundo
Que é o céu do céu?

A humildade da minha língua confessa, diante da tua grandeza, que foste Tu quem criou o céu e a terra, este céu que vejo, e esta terra que piso, e da qual provém a terra que levo comigo. Tu os criaste. Mas onde está, Senhor, o céu do céu, do qual ouvimos falar no salmo: "O céu do céu é do Senhor, mas a terra, Ele a deu aos filhos dos homens"? Onde está o céu que não vemos, e diante do qual tudo o que vemos é terra? Com efeito, todo este universo corpóreo, cuja base é a terra, recebeu aspecto atraente, mesmo nas partes mais humildes, ainda que não inteiramente em todas as partes. No entanto, diante daquele céu do céu, o céu da nossa terra e nada mais é do que terra. E não seria absurdo chamar de terra estes dois grandes corpos que vemos, em relação àquele misterioso céu, que pertence "ao Senhor" e não "aos filhos dos homens" (*Confissões*, XII, 2).

Que são as "trevas" e o "abismo"

Nossa terra era invisível e confusa, um profundo e impenetrável abismo onde não havia luz, pois não tinha forma. Por isso ordenaste que se escrevesse: "As trevas cobriam o abismo". Que significa isso, senão a falta de luz? Com efeito, se a luz existisse, onde poderia ela estar, senão acima de todas as coisas, para iluminar do alto? Onde não havia luz, que significavam as trevas, senão ausência de luz? As trevas reinavam sobre o abismo, porque sobre ele faltava a luz, do mesmo modo que reina o silêncio onde não há som. A existência do silêncio indica a inexistência do som. Não ensinaste, Senhor, a esta alma que te fala, não me ensinaste,

Senhor, que antes de esta matéria informe receber de ti forma e ordem nada existia, nem cor, nem figura, nem corpo, nem espírito? Não era, porém, um nada absoluto. Era apenas a massa informe, sem nenhuma aparência exterior (*Confissões*, XII, 3).

Que significa "terra invisível e informe"
Que nome darei a essa matéria? Para que de algum modo penetre nas inteligências mais curtas, há de ser um vocábulo de uso comum. Ora, que expressões se poderiam encontrar, em todas as partes do universo, mais próximas dessa total ausência de forma, do que terra e abismo? Pois, colocadas no ínfimo grau da criação, são menos belas do que as demais partes, mais altas, brilhantes e luminosas. Por que então não aceitar que a matéria sem forma, que criaste sem beleza para fazeres dela um mundo belo, seja adequadamente anunciada aos homens pelo nome de "terra invisível e informe"? (*Confissões*, XII, 4).

Teoria da matéria e da forma
Mas este "céu do céu" pertence a ti, Senhor, e a terra que deste "aos filhos dos homens", para que eles a contemplassem e a tocassem, não era assim como agora a vemos e tocamos. Era invisível e informe, era um abismo sobre o qual não brilhava a luz: "as trevas cobriam o abismo", ou seja: as trevas eram maiores que o abismo. Este abismo das águas, agora visíveis, tem ainda nas suas entranhas alguma luminosidade, perceptível aos peixes e aos outros animais que vivem no fundo. O outro abismo era como um nada, pois era ainda totalmente carente de forma; mas já existia, de modo que podia receber uma forma. De fato, Senhor, "Tu criaste o universo de uma matéria informe". Tiraste do nada um quase nada, para dele fazer as coisas grandes, que nós, filhos dos homens, admiramos. É realmente maravilhoso este céu corpóreo, este firmamento que separa umas águas das outras, que criaste no segundo dia depois da criação da luz, quando disseste: "Faça-se: e assim se fez. Chamaste céu a esse firmamento, mas o céu desta terra e deste mar é que fizeste no terceiro dia, dando forma visível à matéria informe que tinhas criado antes do início dos dias. Já anterior-

mente a este céu, tinhas criado outro céu, que era o céu do céu, porque" no princípio criaste o céu e a terra". Mas esta mesma terra que criaste era matéria carente de forma, porque "era invisível e informe, e as trevas cobriam o abismo". Desta terra invisível e sem ordem, dessa informidade, deste quase nada, fizeste tudo aquilo de que é formado e não formado este mundo mutável, no qual se manifesta esta mobilidade, pela qual se pode sentir e medir o tempo. De fato, este tempo é feito da mudança das coisas, da variação e da sucessão das formas, cuja matéria é a terra invisível da qual falamos anteriormente (*Confissões*, XII, 7).

Intemporalidade dessas criaturas
Por isso o Espírito, mestre do teu servo Moisés, quando lembra que fizeste "no princípio o céu e a terra", não fala de tempos nem fala de dias. Com efeito, aquele "céu do céu", que fizeste no princípio, é de forma uma criatura racional que, embora não coeterna contigo, ó Trindade, participa todavia da tua eternidade, e, através da suavidade da tua beatífica contemplação, reduz fortemente a sua própria mobilidade. Desde que foi criada, permanece sempre unida a ti, sem movimento nenhum, e se sobrepõe às vicissitudes passageiras do tempo. Quanto a essa amorfia que é a "terra invisível" e informe, não foi contada entre os dias. De fato, onde não existe forma nem ordem, nada vem e nada passa; e onde tal não se dá não existem certamente nem dias nem sucessão de espaços de tempo (*Confissões*, XII, 8).

A criação não é intemporal
O maior de todos os seres visíveis é o mundo; o maior dos invisíveis, Deus. Mas o mundo vemos que existe e na existência de Deus cremos. Quanto a ter Deus feito o mundo, a ninguém podemos dar maior crédito que o próprio Deus. Onde o ouvimos? Até agora, em nenhuma parte de modo mais claro que nas Santas Escrituras, em que seu profeta disse: *No princípio fez Deus o céu e a terra*. Porventura, estava presente o profeta, quando Deus fez o céu e a terra? Não, mas ali estava a Sabedoria de Deus, pela qual foram feitas todas as coisas, que também penetra nas almas santas, torna-as amigas de Deus e dos profetas e,

sem estrépito, conta-lhes no íntimo as suas obras. Falam-lhes também os anjos de Deus, que sempre veem o rosto do Pai, cuja vontade anunciam aos que convém. Um deles era o profeta que escreveu: *No princípio fez Deus o céu e a terra*. Trata-se de testemunho tão idôneo, que nele se deve crer como em Deus, que predisse também muito antes nossa futura fé, pelo mesmo Espírito, mercê de quem conheceu as coisas que lhe foram reveladas (*Civitas*, X, 4).

Criação simultânea das coisas e o tempo
Se é correta a distinção entre eternidade e tempo, baseada em que o tempo não existe sem alguma modalidade mutável e na eternidade não há mutação alguma, quem não vê que não existiriam os tempos se não existisse a criatura, susceptível de movimento e mutação? Desse movimento e mutação, cedendo e sucedendo uma coisa a outra, por não poderem coexistir, de intervalos mais curtos ou mais longos, resultaria o tempo. Por conseguinte, sendo Deus o ser em cuja eternidade não existe mutação alguma, o criador e ordenador dos tempos, não compreendo a afirmação de que, depois de alguns espaços temporais, criasse o mundo, a não ser que se diga que antes do mundo já existia alguma criatura, cujos movimentos deram começo aos tempos.

Por isso, como as Sagradas Letras, que gozam de máxima veracidade, dizem que no princípio fez Deus o céu e a terra, dando a entender que antes nada fez, pois se houvesse feito algo antes do que fez, diriam que no princípio o houvera feito. O mundo não foi feito no tempo, mas com o tempo. O que se faz no tempo faz-se depois de algum tempo e antes de algum, depois do passado e antes do futuro. Mas não podia haver passado algum, porque não existia criatura alguma, cujos mutáveis movimentos o fizessem. O mundo foi feito com o tempo, se em sua criação foi feito o movimento mutável. É o que parece indicar também a ordem dos seis ou sete primeiros dias. Nomeiam-se, neles, a manhã e a tarde, até à criação de todas as coisas feitas por Deus em seis dias. Aperfeiçoaram-se no sexto dia e, no sétimo dia, com grande mistério, encarece-se o repouso de Deus.

Qual a natureza desses dias é coisa inexplicável, talvez mesmo incompreensível (*Civitas*, X, 6).

O descanso de Deus após a criação
Que no sétimo dia Deus tenha descansado de todas as suas obras e o tenha santificado não deve de modo algum ser entendido puerilmente, como se Deus se houvesse fatigado, trabalhando, Ele, que *disse e foram feitas*, com palavra inteligível e eterna, não sonora e temporal. O descanso de Deus significa o descanso dos que descansam em Deus, como a alegria da casa significa a alegria dos que se alegram em casa (*Civitas*, X, 8).

2) O tempo
O tempo começa na criação
Senhor, não é no tempo que Tu precedes os tempos, pois de outro modo não serias anterior a todos os tempos. Precedes, porém, todo o passado com a sublimidade de tua eternidade sempre presente, e dominas todo o futuro porque é ainda futuro, e, quando vier, tornar-se-á passado. "Tu, porém, és sempre o mesmo, e os teus anos jamais terão fim." Os teus anos não vão nem vêm, ao passo que os nossos vão e vêm, para que venham todos. Os teus anos existem juntos, porque são fixos e não são expulsos pelos que vêm, porque não passam. Os nossos, pelo contrário, só poderão existir todos quando já todos não existirem. "Os teus anos são como um só dia", e o teu dia não é cada dia, mas hoje, porque o teu hoje não cede lugar ao amanhã nem sucedeu ao ontem. O teu hoje é a eternidade. Por isso, geraste coeterno contigo aquele a quem disseste: "Eu te gerei". Criaste todos os tempos e existes antes de todos os tempos. E não existia tempo quando não havia tempo (*Confissões*, XI, 13).

O conceito de tempo
Senhor, não houve um tempo em que nada fizeste, porque o próprio tempo foi feito por ti. E não há um tempo eterno contigo, porque Tu és estável, e se o tempo fosse estável não seria o tempo.

O que é realmente o tempo? Quem poderia explicá-lo de modo fácil e breve? Quem poderia captar o seu conceito, para exprimi-lo em palavras? No entanto, que assunto mais familiar e mais conhecido em nossas conversações? Sem dúvida, nós compreendemos também o que nos dizem quando dele nos falam. Por conseguinte, o que é o tempo? Se ninguém me pergunta, eu sei; porém, se quero explicá-lo a quem me pergunta, então não sei. No entanto, posso dizer com segurança que não existiria um tempo passado, se nada passasse; e não existiria um tempo futuro, se nada devesse vir; e não haveria o tempo presente se nada existisse. De que modo existem esses dois tempos – passado e futuro –, uma vez que o passado não mais existe e o futuro ainda não existe? E quanto ao presente, se permanecesse sempre presente e não se tornasse passado, não seria mais tempo, mas eternidade. Portanto, se o presente, para ser tempo, deve tornar-se passado, como poderemos dizer que existe, uma vez que a sua razão de ser é a mesma pela qual deixará de existir? Daí não podermos falar verdadeiramente da existência do tempo, senão enquanto tende a não existir (*Confissões*, XI, 14).

3) Filosofia da história

Dois amores fundaram, pois, duas cidades, a saber: o amor-próprio, levado ao desprezo a Deus, a terrena; o amor a Deus, levado ao desprezo de si próprio, a celestial. Gloria-se a primeira em si mesma e a segunda em Deus, porque aquela busca a glória dos homens e tem esta por máxima glória a Deus, testemunha de sua consciência. Aquela ensoberbece-se em sua glória e esta diz a seu Deus: *Sois minha glória e quem me exalta a cabeça*. Naquela, seus príncipes e as nações avassaladas veem-se sob o jugo da concupiscência de domínio; nesta, servem em mútua caridade, os governantes, aconselhando, e os súditos, obedecendo. Aquela ama sua própria força em seus potentados; esta diz a seu Deus: *A ti hei de amar-te, Senhor, que és minha fortaleza*. Por isso, naquela, seus sábios, que vivem segundo o homem, não buscaram senão os bens do corpo, os da alma ou os de ambos, e os que chegaram a conhecer Deus *não o honraram nem lhe deram graças como a Deus, mas desvaneceram-se em seus pensamentos e obscureceu-se-lhes o néscio coração. Crendo-se sábios, quer dizer, orgulhosos de sua própria sabedoria, a instâncias de sua soberba, tornaram-se néscios e mudaram a glória do Deus incorruptível em semelhança de imagem de homem corruptível, de aves, de quadrúpedes e de serpentes.* Porque levaram tais ídolos aos povos, para que os adorassem, indo eles à frente, ou *os seguiram e adoraram e serviram a criatura e não o Criador, para sempre bendito*. Nesta, pelo contrário, não há sabedoria humana, mas piedade, que funda oculto legítimo ao verdadeiro Deus, à espera de prêmio na sociedade dos santos, de homens e de anjos, *com o fim de que Deus seja tudo em todas as coisas* (*Civitas*, XIV, 28).

As sete idades da história

A primeira idade, como o primeiro dia, conta-se de Adão ao dilúvio; a segunda, do dilúvio a Abraão, apesar de não compreender duração igual à da primeira, e sim igual número de gerações, a saber, dez. De Abraão a Cristo, o evangelista São Mateus conta quatorze gerações, abrangidas por três idades: uma, de Abraão a Davi; outra, de Davi ao cativeiro de Babilônia; e a terceira, do cativeiro ao nascimento temporal de Cristo. Já temos cinco. A sexta está transcorrendo agora e não deve limitar-se a número limitado de gerações, em razão destas palavras. *Não vos compete conhecer os tempos que o Pai tem reservados para seu poder.* Depois desta, Deus descansará como no sétimo dia e fará descansar em si mesmo o sétimo dia, que seremos nós.

Levaria muito tempo tratar agora, pormenorizadamente, de cada uma destas idades. Baste dizer que a sétima será nosso sábado, que não terá tarde e terminará no dia dominical, oitavo dia e dia eterno, consagrado pela ressurreição de Cristo e que figura o descanso eterno não apenas no espírito, mas também do corpo. Ali descansaremos e veremos; veremos e amaremos; amaremos e louvaremos. Eis a essência do fim sem fim. E que fim mais nosso que chegar ao reino que não terá fim (*Civitas*, XXII, 30).

A marcha da história

A gloriosa Cidade de Deus prossegue em seu peregrinar através da impiedade e dos tempos, vivendo cá embaixo, pela fé, e com paciência espera a firmeza da mansão eterna, enquanto a justiça não se converte em juiz, o que há de conseguir por completo, depois, na vitória final e perfeita paz. Nesta obra, que estou escrevendo, conforme promessa minha, e te dedico, caríssimo filho Marcelino, empreendo defendê-la contra esses homens que a seu divino fundador preferem as divindades. Trata-se de trabalho imenso e árduo, mas conto com o auxílio de Deus.

Não ignoro o esforço necessário para convencer os soberbos de todo o poderio da humildade. Esta faz a celsitude concedida pela divina graça, não usurpada pelo orgulho humano, transcender a todas as culminâncias do mundo, volúveis joguetes do tempo... Falarei, pois, também, da cidade terrena, senhora dos povos escravos e, por sua vez, dominada pela paixão de dominar, e coisa alguma calarei do que a razão determinante deste escrito pede e minha inteligência permite (*Civitas*, Prólogo).

Caminho universal para a libertação
Essa é a religião cristã, que contém o caminho universal para a libertação da alma, porque por nenhum, senão por ele, pode ver-se livre. Esse o caminho, até certo ponto real, que conduz ao reino cuja grandeza não vacila ao capricho dos tempos, mas repousa nas sólidas bases da eternidade. Quando, no Livro Primeiro *Sobre o retorno da alma*, já quase no fim, Porfírio diz que ainda não encontrou seta alguma que contenha a senda universal para a libertação da alma, que não achou semelhante senda nem na filosofia mais verdadeira, nem nos costumes e doutrina dos indianos, nem na indução dos caldeus, nem em qualquer outro caminho, e nem teve notícia de tal caminho por meio do conhecimento histórico, está sem dúvida confessando existir algum, embora ainda não lhe tenha chegado ao conhecimento. Assim, não o satisfazia o que com tanto esmero aprendera a respeito da libertação da alma e lhe parecia, ou melhor, parecia a outros, que o conheciam e professavam (*Civitas* I, X, 32).

Porfírio não encontrou o caminho da libertação
Porfírio, grande espírito, não duvida da existência de tal caminho. Não acredita que a Divina Providência tenha podido

deixar o gênero humano sem esse caminho universal para a libertação da alma. Não lhe nega a existência; diz apenas que tamanho bem e tão estimável auxílio não o recebera ainda, ainda não lhe chegara ao conhecimento. Não é de maravilhar. Porfírio vivia enredado nas coisas humana, quando a senda universal, que não é outra senão a religião cristã, permitia que a combatessem os adoradores de ídolos e demônios e os reis da terra.

Essa a senda universal para a libertação da alma, ou seja, a senda da misericórdia divina concedida a todos os povos. Porque seu conhecimento já tenha chegado a uns e ainda não tenha chegado a outros, ninguém pôde nem poderá perguntar. Por que tão cedo? Por que tão tarde? Porque o espírito humano não pode penetrar no pensamento daquele que envia. Percebeu-o Porfírio, ao dizer que não recebera ainda essa graça de Deus, que tal caminho ainda não lhe chegara ao conhecimento. E não pensou não fosse verdadeiro, porque ainda não o recebera ou porque não lhe chegara ao conhecimento. Essa, repito, a senda universal para a libertação dos crentes (*Civitas* I, X, 32).

4) Subida para Deus
Agostinho medita na eterna sabedoria com Mônica

Ao aproximar-se o dia de sua morte (de Mônica, sua mãe) – dia que só Tu conhecias e nós ignorávamos – sucedeu, creio que por tua vontade e de modo misterioso como costumas fazer, que ela e eu nos encontrássemos sozinhos, apoiados a uma janela, cuja vista dava para o jardim interno da casa onde morávamos, em Óstia Tiberina. Afastados da multidão, procurávamos, depois das fadigas de uma longa viagem, recuperar as forças, tendo em vista a travessia marítima. Falávamos a sós, muito suavemente, esquecendo o passado e avançando para o futuro. Tentávamos imaginar na tua presença, Tu que és a verdade, qual seria a vida eterna dos santos, aquela que "os olhos não viram, os ouvidos não ouviram, e o coração à corrente impetuosa da tua fonte, fonte de vida que está em ti, para que, aspergidos por ela, nossa inteligência pudesse meditar sobre tão grande realidade.

Nossa conversa (de Agostinho com a mãe Mônica) chegou à conclusão de que o prazer dos sentidos do corpo, por maior que seja e por mais brilhante que seja essa luz temporal, não é digna de ser comparada à felicidade daquela vida, nem mesmo é digna de ser mencionada. Elevando-nos com o mais ardente amor ao próprio Bem, percorremos gradualmente todas as coisas corporais até o próprio céu, de onde o sol, a luz e as estrelas iluminam a terra. E subíamos ainda mais ao interior de nós mesmos, meditando, celebrando e admirando as suas obras. E chegamos assim ao íntimo de nossas almas. Indo além, atingimos a região da inesgotável abundância, onde nutres eternamente Israel com o alimento da verdade, e onde a vida é a própria Sabedoria, pela qual foram criadas todas as coisas que existiram e hão de existir, pois a Sabedoria mesma não é criada, mas existe como sempre existiu e como sempre há de existir. Antes, nela não há passado nem futuro, pois simplesmente "é", por ser eterna. Ter sido e haver de ser não são próprios do Ser eterno.

Enquanto assim falávamos, ávidos de alcançar a Sabedoria, chegamos apenas a tocá-la num supremo ímpeto do nosso coração, e, suspirando, renunciamos a essas "primícias do espírito", para voltarmos ao som vazio de nossos lábios, onde a palavra nasce e morre. Como poderá esta palavra, meu Deus, comparar-se ao teu Verbo, estável em si mesmo, sem jamais envelhecer, e renovador de todas as coisas? E comentávamos: se o tumulto da carne pudesse silenciar, se as imagens da terra, da água e do ar se calassem; se os céus e a própria alma se calassem e esta superasse a si própria, não mais pensando em si mesma; se os sonhos e revelações da fantasia, se toda língua e todo sinal e tudo aquilo que nasce para desaparecer, se tudo se calasse completamente (sim, porque fomos feitas por nós mesmas, fomos feitas por aquele que "dura eternamente"); se, ditas essas palavras, todos os seres emudecessem para escutar o seu Criador, e se só Ele falasse, não pelas criaturas, mas por si mesmo, e se o escutássemos falar, não mais através de língua carnal, ou pela voz de anjo, ou pelo estrondo de trovão, ou em parábola misteriosa, mas Ele, diretamente, a quem amamos nas criaturas, a quem ouvimos sem intermediários tal como acabamos de experimentar, atingindo num relance a Sabedoria eterna, que permanece imutável e para além de toda realidade; se essa contemplação se prolongasse e todas as outras visões desaparecessem, e somente esta nos arrebatasse, nos absorvesse e nos mergulhasse no gozo interior, de tal modo que a vida eterna fosse como aquele momento de intuição pelo qual suspiramos... não seria tudo isso a realização do convite: "Vem alegrar-te com o teu Senhor"? E quando acontecerá isso? Não será talvez "quando todos estivermos ressuscitados, mas nem todos transformados"? (*Confissões*, IX, 10).

Subida para a eterna beleza
Senhor, que amo eu quando te amo? Não uma beleza corporal ou uma graça transitória, nem o esplendor da luz, tão cara a meus olhos, nem as doces melodias variadas cantilenas, nem o suave odor das flores, dos unguentos, dos aromas, nem o maná ou o mel, nem os membros tão suscetíveis às carícias carnais. Nada disso eu amo, quando amo o meu Deus. E contudo amo a luz, a voz, o perfume, o alimento e o abraço, quando amo o meu Deus: a luz, a voz, o odor, o alimento, o abraço do homem interior que habita em mim, onde para a minha alma brilha uma luz que nenhum espaço contém, onde ressoa uma voz que o tempo não destrói, de onde exala um perfume que o vento não dissipa, onde se saboreia uma comida que o apetite não diminui, onde se estabelece um contato que a sociedade não desfaz. Eis o que amo quando amo o meu Deus.

E o que é isso? Perguntei à terra, e esta me respondeu: "Não sou eu". E tudo o que nela existe me respondeu a mesma coisa. Interroguei o mar, os abismos e os seres vivos, e todos me responderam: "Não somos o teu Deus; busca-o acima de nós". Perguntei aos ventos que sopram e toda atmosfera com seus habitantes me responderam: "Anaxímenes está enganado; não somos o teu Deus". Interroguei o céu, o sol, a luz e as estrelas: "Nós também não somos o Deus que procuras". Pedi a todos os seres que me rodeiam o corpo: "Falai-me do meu Deus, já que não sois o meu Deus; dizei-me ao menos alguma coisa sobre

Ele". E exclamaram em alta voz: "Foi Ele quem nos criou". Para interrogá-los, eu os contemplava, e sua resposta era a sua beleza. Dirigi-me então a mim mesmo, e me pergunte: "E tu quem és"? E respondi: "Um homem". Tenho à minha disposição um corpo e uma alma, o primeiro é exterior e a outra é interior. A qual dos dois deverei perguntar pelo meu Deus? Através do corpo já o procurei, desde a terra até o céu, até onde pude enviar, como mensageiros os raios do meu olhar. Mas a parte interior – a alma – é superior ao corpo. A ela, como a quem preside e julga, é que todos os mensageiros do corpo dirigiam as respostas do céu, da terra e de tudo o que neles existe. "Não somos Deus". E ainda: "Foi Ele quem nos criou". O homem interior conheceu tais fatos graças ao homem exterior. Eu os conheci, eu, o espírito, graças aos sentidos do corpo. Perguntei pelo meu Deus a toda a imensidão do universo, e esta me respondeu: "Eu não sou Deus, mas foi Ele quem me fez".

De fato, a verdade me diz: "O teu Deus não é a terra, nem o céu, nem qualquer outro ser corporal". É isso que a natureza das coisas afirma, e todos podem ver, pois a matéria é menor na parte que no todo. Tu, alma, digo-te que és mais importante que o corpo, sem dúvida, pois és tu que lhe dás a vida, e nenhum corpo pode fazer o mesmo a outro corpo. Mas o teu Deus é também a vida da tua vida (*Confissões*, X, 6).

Estavas comigo, Senhor, e eu...
Tarde te amei, ó beleza tão antiga e tão nova! Tarde demais eu te amei! Eis que habitavas dentro de mim e eu te procurava do lado de fora! Eu, disforme, lançava-me sobre as belas formas das tuas criaturas. Estavas comigo, mas eu não estava contigo. Retinham-me longe de ti as tuas criaturas, que não existiriam se em ti não existissem. Tu me chamaste, e teu grito rompeu a minha surdez. Fulguraste e brilhaste, e tua luz afugentou a minha cegueira. Espargiste tua fragrância e, respirando-a, suspirei por ti. Eu te saboreei, e agora tenho fome e sede de ti. Tu me tocaste, e agora estou ardendo no desejo de tua paz (*Confissões*, X, 27).

5) Miséria humana
Ai de mim!
Quando estiver unido a ti com todo o meu ser, não mais sentirei dor ou cansaço. Minha vida será verdadeiramente vida, toda plena de ti. Alivias aqueles a quem plenamente satisfazes. Não estando ainda repleto de ti, sou um peso para mim mesmo. Minhas alegrias, que deveriam ser choradas, contrastam em mim com as tristezas que deveriam causar-me júbilo, e ignoro de que lado está a vitória. Falsas tristezas pelejam em mim contra as verdadeiras alegrias, e não sei quem vencerá. Ai de mim! "Tem piedade de mim, Senhor"! Ai de mim! Vês que não escondo minhas chagas. Tu és o médico, eu sou o enfermo. Tu és misericordioso, eu sou miserável. Não "é uma provação a vida do homem sobre a terra"? Quem deseja trabalhos e dificuldades? Ordenas aos homens que as suportem, e não que as amem! Ninguém ama aquilo que tolera, ainda que ame suportá-lo; mesmo que se rejubile em tolerar, prefere não ter o que suportar.

Na adversidade desejo a prosperidade, e na prosperidade temo a adversidade. Haverá entre esses dois extremos um estado intermediário, onde a vida humana não seja uma tentação? Execráveis as prosperidades do mundo, duas vezes execráveis, seja pelo temor da adversidade, seja pela corrupção da alegria! Amargas adversidades do mundo, uma, duas e três vezes amargas, por causa do desejo da prosperidade, pela dureza da adversidade e pelo medo de que esta vença nossa capacidade de suportá-la! Quem poderá negar que a vida humana sobre a terra seja uma tentação sem tréguas? (*Confissões*, X, 28).

Luta contra a carne
Sem dúvida, Tu me ordenas que eu me abstenha da concupiscência da carne, da concupiscência dos olhos e da ambição do mundo. Tu me ordenaste a abstenção do concubinato e, ainda que me permitindo o matrimônio, ensinaste-me algo bem melhor. Por tua graça, segui aquela indicação, mesmo antes de tornar-me dispensador de teus mistérios. Mas sobrevivem ainda na minha memória as imagens daqueles prazeres, agravados pelo costume. Quando acordado, elas não têm força, mas durante o

sono chegam não somente a suscitar em mim o prazer, mas até o consentimento e a semelhança da própria ação. É tão poderosa a ilusão daquela imagem no meu espírito e no meu corpo que, no sono, falsas visões me impelem a atos que a própria realidade não me leva a fazer quando acordado (*Confissões*, X, 30).

Peso dos hábitos
...recaio em baixezas cujo peso me acabrunha. Deixo-me absorver e dominar pelas imperfeições habituais. Choro muito por essas coisas, porém me sinto ainda muito tolhido. Como pesa o fardo do hábito! Não quero estar onde posso, nem posso estar onde quero; de qualquer modo, sou infeliz (*Confissões*, X, 30).

Eu te perdi, Senhor
Examinei minhas fraquezas pecaminosas sob as três formas de concupiscência, e invoquei tua destra para me salvar. Apesar de ter o coração ferido, vi o teu esplendor e, ofuscado, falei: Quem pode lá chegar? Sim, fui expulso da tua presença. Tu és a verdade que a tudo preside, e eu, em minha avidez, não queria perder-te, mas possuir a ti e ao mesmo tempo a falsidade. Pois ninguém quer mentir tanto, a ponto de ele mesmo ignorar a verdade. E assim te perdi, porque Tu não aceitas ser possuído juntamente com a mentira (*Confissões*, X, 41).

Apesar de tudo, a esperança
O verdadeiro mediador, que tua insondável misericórdia manifestou e enviou aos homens, a fim de que aprendessem a humildade a exemplo dele, este "mediador entre Deus e os homens é o homem Jesus Cristo". Ele se apresentou entre os pecadores mortais e o Justo imortal, mortal como os homens e justo como Deus. Ora, dado que a vida e a paz são a recompensa da justiça, Ele, por meio da justiça unida a Deus, anulou a morte dos ímpios justificados, compartilhando-a com eles (*Confissões*, XI, 43).

Fig. 6

PARTE III

Transição para o tempo da liberdade e do progresso
Ética dos direitos universais

No início da Idade Moderna a providência transcendente foi perdendo importância para a razão e a liberdade, duas luzes poderosas suficientes para orientar o ser humano e seu destino. Vico inaugurou esta tendência na famosa obra *Scienza Nuova*; tendência que alcança o apogeu com Hegel, na monumental *Fenomenologia do espírito*, na qual o filósofo de Jena descreve a marcha do Espírito para a plena liberdade no Estado onde vigoram o direito e a lei. Agora, segundo Hegel, a Providência é a Razão livre que "astutamente serve-se das vaidades individuais dos homens para realizar um plano universal".

Antes dele, Kant entendeu que "a natureza (não a Providência) realiza, através do homem, um plano secreto que só ela conhece". Mais espetacular foi o salto da ética que pulou da heteronomia (lei moral dada pela divindade) para a autonomia (lei moral dada pela consciência subjetiva). Agora a lei moral é a autolimitação da liberdade que dita a si mesma a norma moral. Seria a "maior idade" da ética.

Portanto, a razão livre gera a consciência moral. Kant, na conclusão da *Crítica da razão prática*, exalta a consciência moral desta maneira: "duas coisas enchem o ânimo de admiração e veneração sempre novas e crescentes, quanto mais frequentemente dela se ocupa a reflexão: o céu estrelado acima de mim e a lei moral em mim". A primeira começa no lugar que eu ocupo no mundo exterior dos sentidos; a segunda começa no meu invisível eu, na minha personalidade e me eleva a um mundo que tem verdadeira infinidade".

Hoje, no século XXI, tiramos as consequências do ideário moderno, iluminista. A razão criadora produziu a ciência que revela, em profundidades e extensões sempre maiores, a imensidão do universo e, ao mesmo tempo, as estruturas mais elementares do mundo subatômico. Por sua vez, a biologia humana mostra, com clareza crescente, como somos feitos, como funcionamos, quanto duraremos, de que doença morreremos, podendo até prolongar indefinidamente a vida. Portanto, como diz Kant, "estamos entendendo como nós nos integramos no mundo exterior".

Por outro lado, a ética autônoma (pela qual Kant se elevava ao mundo moral infinito) também se integrou neste mundo do progresso científico, no tempo. A ética contemporânea defende, em geral, a prosperidade crescente e sem limites, produzindo coisas úteis para alargar nosso bem-estar. O princípio do utilitarismo, uma importante corrente ética, propõe: "o maior bem-estar possível para o maior número possível de pessoas". Então, produzimos bens em escala exponencial: máquinas de todo tipo, aparelhos em profusão para satisfazer todas as necessidades e comodidades, meios de comunicação sofisticados do telefone à internet, *shoppings* e supermercados sempre maiores. Tudo isto, para criar o bem-estar das pessoas, conforto, comodidade, lazer com saúde. O bem-estar corporal e material é o máximo que nos pode oferecer o tempo do progresso indefinido. A lógica progressista não tolera que a prosperidade não cresça.

Os modelos antigos, que aliavam imanência e transcendência, prometiam o bem-estar que a época podia oferecer e acenavam com a felicidade do espírito "num mundo que há de vir". Mas no século XXI, a razão livre e criadora não se inspira em modelos metafísicos ou em ensinamentos religiosos e nem na consciência moral subjetiva kantiana. A ética é objetiva, uma tábua de valores decididos coletivamente. Valores construídos lentamente ao longo de séculos de experiência que denominamos direitos humanos.

Os direitos não são, hoje, deduções filosóficas (Hegel) ou metafísicas (Platão e Aristóteles), mas construções coletivas feitas por comunidades e por assembleias de delegados mandatados pelas comunidades. Temos assim os direitos humanos, direito dos animais, direito da biodiversidade, direito do meio ambiente que, reunidos, formam a ética da solidariedade antropocósmica, verdadeiramente universal.

A Declaração dos Direitos Humanos da ONU (1948) desdobrou-se numa série de Direitos da Mulher, Estatuto da Criança e do Adolescente, Direito dos Idosos etc. Nada mais são que a aplicação dos princípios da Declaração Universal chamando especial atenção à condição de certas categorias de pessoas e de coisas.

Ético é quem se comporta conforme estes direitos, respeitando-os e aplicando-os.

Esta ética construída não difere, em profundidade, autoridade e peso, das éticas antigas porque todas estas declarações se resumem em três conceitos, universalmente aceitos em todos os tempos, filosofias e religiões: justiça, solidariedade às pessoas e convivência pacífica entre os povos. Estes fundamentos presidem todas as declarações de direitos: americana, francesa e da ONU. Inclui-se aqui as importantes declarações a respeito da pesquisa científica em seres humanos. Código de Nuremberg (1947), Declaração de Helsinque (1964), Declaração da ONU (1948) e a Resolução 196/96 do Conselho Nacional de Saúde que se inspirou nestes documentos internacionais.

A conclusão é óbvia, hoje. Para ser ético não precisa ser virtuoso (ética grega), nem religioso (ética bíblica) e nem impor-se a norma da moralidade subjetiva (Kant), mas basta cumprir a norma objetiva, criada pela razão livre, coletivamente.

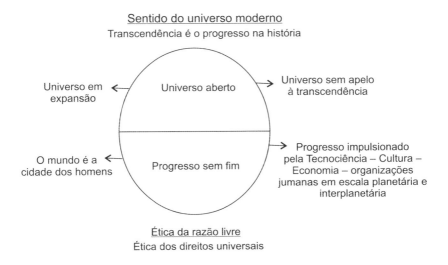

Fig. 7

João Batista Vico
(1668-1744)

1) Nesta densa noite tenebrosa que cobre nossa remotíssima Antiguidade, aparece esta luz eterna que não se oculta, uma verdade que de modo algum se pode pôr em dúvida: *este mundo civil (cultura – sociedade) foi certamente feito pelos homens,* pelo que se podem e devem encontrar os seus princípios nas *modificações da nossa própria mente humana* (SN, 870).

2) Depois do triunfo do egoísmo e da dissolução dos costumes, instala-se a barbárie "os poucos sobreviventes, cercados apenas de coisas necessárias à vida (não as supérfluas) tornaram-se novamente sociáveis e, voltando à simplicidade dos primórdios da humanidade, são de novo religiosos, verdadeiros e fiéis. É deste modo que a Providência traz de volta à comunidade, à piedade, à fé e à verdade que são os fundamentos da justiça, do bem e da beleza da ordem eterna de Deus" (SN, 1.106).

3) "No meio do imenso oceano de dúvidas cartesianas existe um único pedacinho de terra firme, isto é, a passagem do *Verum* (mundo criado por Deus) ao *factum* ou natureza comum das nações" (mundo da cultura) (SN, 720).

10
Vico: instauração da liberdade

Nota biográfica
João Batista Vico imortalizou-se com a obra *Scienza Nuova*, na qual discute os fundamentos e sentido da história humana. Livro obscuro e de difícil compreensão, escrito em 1.200 parágrafos, antecipa as ideias fundamentais de Hegel, Spengler e Dilthey. Mas pouco influenciou o seu tempo. Tanto quanto Copérnico e Galileu na física, Vico inicia no campo moral a era da liberdade e autonomia para governar o homem, o mundo e a história. *Scienza Nuova*, lançada em Nápoles, em 1725, não teve repercussão. Em carta a um amigo escreve: "ao publicar minha obra, mais me parece que a lancei no deserto. Por isso, evito os lugares públicos para não encontrar as pessoas às quais enviei o livro; e quando, por acaso, encontro algumas, elas não me dão o menor indício de terem lido o meu livro, o que me convence que falei no deserto". No entanto, Vico guardava a convicção de que produzira uma obra inovadora e revolucionária sobre o enigma da história universal que envolvia religião, sociedades, costumes dos povos, das instituições públicas e das línguas.

10.1 Os princípios da história

A inspiração básica de Vico é "o princípio filosófico de que existe uma lei eterna do desenvolvimento dos povos que não é nem progressivo visando um fim e nem redentor no sentido religioso". Portanto, uma história universal laica sem *telos*, que avança e regride em ciclos eternos. Este é o sentido da *Scienza Nuova* que se desdobra em algumas teses convergentes entre si.

As mais recorrentes são as seguintes: 1) A ideia filosófica de uma história eterna, ideal, que entra no tempo nas histórias de cada nação e civilização; 2) Defende uma ciência dos inícios da humanidade, das religiões e das línguas, "uma história universal profana do mundo pagão visando a verdade que se oculta nas fábulas e mitologias"; 3) Afirma uma providência eterna realizada na história dos povos a partir dos mais elementares costumes como religião, casamento, funeral, primitivas formas de governo, de legislação e conflitos das comunidades; 4) Sustenta que as ideias uniformes nascidas em povos que se desconhecem entre si devem ter um fundo comum de verdade, por exemplo, as ideias da existência de seres superiores, da moralidade, do casamento estável, do culto aos mortos; 5) Sendo a sociedade civil uma construção humana, nós a podemos conhecer em seus detalhes; 6) Nós não conhecemos a natureza das coisas porque são obra de Deus; só Ele as conhece e não os metafísicos e físicos.

Neste conjunto de teses move-se *Scienza Nuova*, que, no final das contas, quer fazer a ciência da história obscura da humanidade desde os primórdios, única ciência ao nosso alcance, como veremos.

Esta teoria da filosofia da história entra em conflito radical com as evidências cartesianas daquela época. Desde Descartes, a verdadeira ciência era a ciência da natureza, da matemática e da física. A filosofia também deve tornar-se ciência evidente elaborada "more geométrico". Por isso, *Scienza Nuova* é um desafio ao *Discurso do método*. Este evoluiu da filosofia duvidosa medieval para as evidências do *cogito*, e Vico passou do estudo do Direito à história universal, e nela, investiga os princípios diretores da humanidade. Às intuições cartesianas abstratas, que não podem garantir uma real ciência da natureza, Vico opõe a "natureza comum das nações". Diz textualmente em *Scienza Nuova*: "no meio do imenso oceano de dúvidas (SN, 20) cartesianas existe um único pedacinho de terra firme, isto é, a passagem do *Verum* ao *factum*. Explicitemos a intenção de Vico: o *Verum* de Descartes é a verdade abstrata, o *cogito*. Nada mais é que uma elaboração teórica; o *factum* de Vico é "a natureza comum das nações"; para Vico é indubitável que as nações, as civilizações, as religiões são construídas pelo homem. Então podemos conhecer a história, mesmo nos seus mais recuados e recônditos inícios porque, "na noite escura que envolve a Antiguidade, brilha a luz de uma verdade inquestionável que é esta: "o mundo da sociedade civil foi certamente criado pelo homem; por isso, seus princípios devem ser encontrados nas sucessivas modificações da mente humana que os criou. Estas são as certezas primeiras e fundantes (SN, 560).

Estes princípios não surgem de intuições subjetivas e instantâneas, como queria Descartes, mas de um esforço contínuo e lento de interpretação da história humana. Vico debruçou-se por quase trinta anos sobre esta investigação. Acreditava que seu incansável trabalho acabaria mostrando a fragilidade do intelectualismo moderno e a necessidade de voltar ao modo de pensar na aurora da humanidade, à época pré-homérica com suas leis, costumes, religiões e línguas que são a base da civilização.

Segundo Vico, os filósofos da metafísica clássica e moderna consagravam-se de corpo e alma a perscrutar o mundo das essências e naturezas que Deus criou; Ele fez o mundo e todas as naturezas; portanto, só Ele sabe o que são e conhece as leis que usou para fazê-las. Portanto, os filósofos, antigos e modernos, ao dedicar-se ao estudo das essências metafísicas, desviaram-se do seu caminho; dedicados ao estudo das essências, negligenciaram o estudo do mundo humano, o mundo das nações e seus costumes desde o início do mundo. Então, a *Scienza Nuova* é, ao mesmo tempo, história da filosofia e uma história universal da humanidade; revela o que o homem é pela análise do processo de seu acontecer no mundo. Citemos um longo texto de Vico:

Scienza Nuova vem, por conseguinte, descrever simultaneamente uma história eterna ideal encarnada no tempo pela história de todas as nações no seu nascimento, progresso, maturidade, declínio e queda. Na verdade, vamos ao ponto de dizer que, quem quer que medite nesta ciência, afirma a si próprio esta história eterna ideal apenas na medida em que o faz através dessa prova "teve, tem e terá de ser". 1º princípio – Assim, o primeiro princípio incontestável acima avançado é que este mundo de nações foi com certeza criado pelos homens, e o seu desenho deve, por conseguinte, ser encontrado dentro das modificações da nossa própria mente humana. Nós criamos a história e conhecemos com certeza que aquele que cria as coisas também as descreve. Deste modo, a nossa ciência procede exatamente como a geometria, que, enquanto constrói a partir dos seus elementos ou contempla o mundo da quantidade, ela própria também cria; mas *Scienza Nuova* trabalha com uma realidade muito maior; trata das ordens que estão ligadas aos assuntos humanos, em que não existem nem pontos, linhas, superfícies, nem figuras. E este mesmo fato é um argumento, ó leitor, de que estas provas são de natureza divina, e que te deveriam dar um prazer divino, visto que, em Deus, o conhecimento e a criação são uma e mesma coisa" (SN, 349).

Esta longa citação, obscura como toda a obra de Vico, núcleo central da teoria da história, precisa de uma elucidação didática. Primeiramente Vico reafirma a existência de uma história eterna e ideal que toma forma concreta na história dos povos. Disto segue-se a consequência de que, conhecendo a história humana desde suas mais longínquas, origens conhecemos também a história eterna. Daí resulta o primeiro princípio da história: "as coisas humanas tiveram, têm e terão de ser conformes à história eterna"; tese de profundo sentido estoico.

Seguem-se dois corolários: a) este mundo de nações certamente foi criado, construído pelos homens (e não por Deus que criou as essências); b) uma comparação com o mundo da matemática, tão caro aos filósofos modernos: como a geometria cria e constrói seu mundo servindo-se de linhas e figuras, também *Scienza Nuova* reconstrói o mundo humano sem usar pontos e figuras, mas perscrutando pacientemente os primórdios da humanidade.

A citação termina com uma apóstrofe ao leitor dizendo que a meditação destas verdades "deveriam produzir um prazer divino", pois a ciência da história humana, a *Scienza Nuova*, é, ao mesmo tempo, "Ciência divina do plano eterno de Deus"; é uma teologia leiga da história.

Aqui aparece aquilo que Vico denomina "Filosofia": o conjunto de informações históricas primitivas que Descartes contesta radicalmente por serem duvidosas. Para Vico, são início da reflexão filosófica. Assim, Vico critica o primado cartesiano da ciência natural moderna em nome da ciência histórica da humanidade. A natureza física, diz Vico, é apenas uma face do real e a menos significativa. O ponto importante e filosófico é o que o homem fez com ela ao longo dos tempos.

10.2 A providência

Vico discute a providência como o "Método" da nova ciência. Por método ele entende " o modo correto, e ordenado pelo qual o mundo da história toma forma e curso" (SN, 240). Segundo ele, todas as civilizações primitivas com suas leis, instituições como o casamento, a celebração dos mortos e as crenças nascem dos rituais e oferendas segundo os usos de cada religião, seja ela verdadeira, seja ela falsa. A história mostra que todas as nações começam por cultuar a divindade. Pela mediação de uma força superior o homem se mantém nos limites da unidade familiar, e da sociedade ordenada com governantes, classes militares, comerciais e religiosas.

Para Vico, "a lei natural é a própria lei civil (social) fundada, porém, na providência. Portanto a providência não é algo transcendente e estratosférico; pelo contrário, ela age no mundo exclusivamente através "das causas segundas" que são as ações humanas livres. Numa palavra, a providência age no mundo através de nossa liberdade que produz nossos costumes naturais" (SN, 343). Para Vico, a providência é, em última análise, a suprema referência que é a própria ordem universal e permanente do acontecer da história; ela age através das necessidades humanas, dos acontecimentos naturais como os eclipses do sol e da lua e dos fatos históricos dos povos como vitórias sobre os inimigos ou derrotas e quedas de impérios, e especialmente através das línguas e religiões.

Esta concepção da providência é muito distinta daquela de Santo Agostinho para quem a Providência "age no processo histórico, mas a partir de fora, na pura transcendência divina. Para Vico, providência e liberdade humana agem juntamente na produção dos comportamentos das pessoas e dos acontecimentos históricos; a providência deixa de ser sobrenatural, absolutamente transcendente e distinta do mundo, para tornar-se um fenômeno natural e histórico. Hoje dizemos que Vico defende uma providência secularizada que não faz incursões extraordinárias e milagrosas no acontecer histórico; ela está na história e intervém no curso dos acontecimentos através dos agentes humanos e das forças existentes no mundo. Enfim a liberdade humana é mais providente que as forças divinas.

10.3 Dialética: *verum et factum*

Já vimos que os antigos metafísicos e a modernidade cartesiana tentam dizer o que a natureza é e descrevem as essências que são cada coisa e o conjunto das realidades cósmicas. *Scienza Nuova* deixa esta tarefa para Deus que, tendo feito todas as naturezas, só Ele as pode conhecer: o *verum* é assunto de Deus. Outra é a tarefa da inteligência humana: conhecer o *factum*, o acontecimento, o mundo histórico desde os mais longínquos inícios; este é o mundo que o homem construiu e, por isso mesmo, tem todas as condições de conhecê-lo tal qual ele o fez. É a dialética do *verum* e do *factum*.

Tomada ao pé da letra, a dialética entre *verum* (verdade metafísica) e o *factum* (construção humana da história) pode sugerir que, como Deus é criador das naturezas, assim, o homem é criador da história. Pela liberdade e criatividade, o homem seria o senhor dos acontecimentos, excluída a presença divina: seria um senhor absoluto, como Hegel dirá mais tarde e com ele todo o Iluminismo.

Mas não é este o entendimento de Vico, que considera absolutamente essencial a aliança intrínseca entre Providência e liberdade humana. "A Providência nos deu existência e nos conserva em vida; Deus, ao dar-nos uma natureza social, dispôs os assuntos humanos de tal modo que nós convivêssemos em paz. Mas nos afastamos da justiça pelo pecado original e trilhamos caminhos diferentes e contrários à Providência. Esta serve-se de nossos erros para reconduzir-nos a viver na justiça e paz na sociedade.

"Assim, a Providência tira da loucura, da avareza e da ambição humana a força, a riqueza e a sabedoria das nações" (SN, 315). Na conclusão de sua obra Vico diz que "os homens criaram este mundo de nações, com fins individualistas e a Providência transforma os fins egoístas em meios para servir a fins mais vastos para o bem da humanidade" (SN, 1.108), tese que Kant, em outro contexto, defenderá.

Em síntese, a Providência intervém dialeticamente na história: a dialética entre os fins particulares dos homens, ambiciosos e desejosos de dominação, e os fins universais entendidos pela Providência. Mais tarde, Hegel substituirá a Providência pela Razão universal e afirmará que "a astúcia da razão" conduz o egoísmo dos homens, que buscam a utilidade própria e subjetiva, a produzirem resultados históricos universais.

Portanto, Vico insere profundamente a Providência na história dos homens. Transcendência e imanência encontram-se e convivem no exercício da liberdade humana (transcendência média) e na construção da história. O homem recebeu da Providência a existência, a liberdade e a sociabilidade; Deus toma a sério estes dons e respeita o seu exercício para o bem ou para o mal, para a verdade ou o erro. Só que, segundo Vico, a Providência recoloca o homem no caminho certo, não por mandamentos severos, punições ou trovejantes profetas, mas mostrando-lhe, por sinais, que seus desvios são inconsequentes. Então a "Providência longínqua" dos teólogos torna-se próxima, sempre "ao lado e com o homem"; sugere-lhe tirar as consequências de suas ações boas e más: basta refletir sobre elas. Enfim, a Providência acompanha-nos, ilumina-nos quando meditamos nos nossos atos certos ou errados; os primeiros geram angústias e os segundos, sentimentos de aprovação. "Ambos" são um apelo da Providência.

10.4 Verdade e religião

Nesta mesma direção vai o conceito de religião de Vico. Ele não se apressa em distinguir a verdadeira da falsa, a fé bíblica, da pagã, como Agostinho fez em *A Cidade de Deus*. Prefere começar com a religiosidade do homem que vai evoluindo até a constituição das grandes religiões. Isto é, Vico minimiza a diferença entre a religião supersticiosa e a religião revelada. Prefere acreditar que a Providência congrega todas as maneiras de crenças e manifestações religiosas. Este é o ponto de partida da religião.

Mas como a Providência conduz, em sequência crescente, das crenças primitivas, das divindades gregas e dos adivinhos romanos até a religião cristã que confessa a existência de um só Deus criador do universo? A resposta de Vico é, de novo, um retorno à Providência que age didaticamente na história para o bem, a preservação e o progresso da humanidade. Segundo Vico, a Providência age por acenos; acenou às primeiras comunidades de homens, através de fatos naturais como trovões e dilúvios, que havia forças superiores ao homem. Estas primeiras gerações literalmente inventaram deuses para explicar fenômenos desconhecidos. Para Vico, estes primeiros passos foram fundamentais; não tem importância se estas convicções eram falsas; o importante é que a Providência acenou, apontou sua presença na história, através destes fenômenos naturais entendidos erroneamente pelo homem. A didática divina serve-se de nossa ignorância para ensinar-nos a verdade.

Vico ilustra esta pedagogia divina com a epígrafe da primeira edição de *Scienza Nuova* quando se serviu de uma bela sentença de Virgílio: *A Jove principium musae* (Em Júpiter está o princípio da sabedoria). Interpretando: a crença em Júpiter é o início da "sabedoria vulgar", uma sabedoria popular, bem longe de ser racional e muito menos verdadeira e revelada, como na Bíblia; é apenas uma "sabedoria de adivinhação", mas é exercício de religião: Júpiter é, enfim, o mais forte e rei de todos os deuses. Segundo Vico, as primeiras gerações de homens tiveram a intuição da divindade e da Providência de acordo com seus sentimentos e na observação dos fenômenos naturais; perceberam que existia algo superior; e conclui: "A Providência Divina verdadeira permitiu que as gerações primitivas acreditassem na falsa divindade de Júpiter" para que, aos poucos, chegassem à "musa" ou à sabedoria revelada na Bíblia (SN, 1.055).

Este é, segundo Vico, o entendimento de Virgílio ao dizer *a Jove* (crença popular) *principium musae* (sabedoria).

Vico vê a passagem das crenças primitivas para a fé no início da era cristã com naturalidade e continuidade. De fato, *Scienza Nuova* não descreve a entrada da fé cristã como uma grande virada na história do mundo e o triunfo de Cristo sobre o paganismo. Ele não exalta nem o cristianismo e nem rebaixa o paganismo.

Neste aspecto, seria importante confrontar a concepção de duas grandes obras: *A Cidade de Deus* e *Scienza Nuova*. A obra de Agostinho, ao tratar das religiões greco-romanas, não vê nenhum traço positivo nelas; eram falsas, levavam aos vícios; contra estas falsidades, proclama a "luminosidade, santidade e a altura da fé bíblica". Ao contrário, Vico faz a ponte entre as religiões pagãs, como antecedente histórico da plena revelação bíblica. Diz Vico: "as religiões primitivas são a aurora que anuncia o sol; o cristianismo é o sol do meio-dia, a plena claridade da fé; mas para que chegasse o meio-dia foi preciso começar pela aurora" (SN, 960). Vico entende que a religião cristã, que arranca das ruínas do Império Romano, muito contribuiu para humanizar os costumes, o poder político e a cultura que se consolidou em todo o Ocidente onde reina a fé.

10.5 *Corsi e ricorsi:* eterno retorno

Pelo acima exposto, Vico criou uma concepção imanente e cíclica da história: ela é feita de fluxos e refluxos e comporta três grandes fases. A primeira é o tempo dos deuses. Os homens acreditam que são dirigidos por um poder divino que fala e ordena através dos oráculos. A segunda época é dos heróis, homens poderosos que implantam governos aristocráticos em todas as sociedades, e consideravam-se necessários, já que "os plebeus não tinham competência". A terceira época é a dos homens que se reconhecem iguais: é a época racional. Estas três fases são progressivas; a história passa da anarquia para a ordem, da selvageria para costumes civilizados. Mas esta progressividade não tem *telos* último, como na visão bíblica ou na *Filosofia da história* de Hegel, que parece uma meta triunfal da liberdade.

Pelo contrário, segundo Vico, o fim da história é a decadência total seguida de um novo retorno à selvageria inicial para começar um novo ciclo que repete o anterior. Na terminologia de Vico, a história se desenvolve num curso normal, o *corso*, e retorna, decai e começa novo *ricorso* sem *telos*. O *ricorso* é o retorno ao barbarismo inicial, mas é, ao mesmo tempo, um renascimento da história. O exemplo de Vico é a queda do Império Romano: desfeito este, o *ricorso* ou retorno de Roma iniciou-se com a civilização cristã na qual vivemos até hoje.

Outra tese curiosa de Vico é que "o que aconteceu nos ciclos passados sucederá de modo idêntico no futuro". Nesta visão, a fase atual da tecnociência e da informática voltará inexoravelmente à barbárie, coisa impensável para as convicções de nosso tempo!

O caminho dos *corsi* e *ricorsi* é simples; segundo Vico, "No começo os homens satisfazem as necessidades imediatas da vida; a seguir procuram utilidades, depois o conforto, mais adiante os prazeres, e terminam por desperdiçar seus talentos e riquezas em orgias" (SN, 241). Onde está a Providência nisto tudo? Como vimos, Vico sustenta que a Providência respeita a liberdade do homem para construir-se ou destruir-se. Mas, de tempos em tempos, a Providência intervém suscitando um governante de grande visão e talento como Augusto no Império Romano ou permite que uma nação seja tomada por um povo estrangeiro, como aconteceu com Israel no tempo de Nabucodonosor, rei da Babilônia, e Ciro, rei da Pérsia. Esta é a maneira da Providência intervir no curso da história para que os povos voltem ao bom-senso. Entretanto, conclui Vico, se os povos persistirem "apodrecendo na última doença (a devassidão) e não chegarem a um consenso interno", de mudança e renovação, "então a Providência usará o último remédio para este mal extremo: o *ricorso*, o retorno à barbárie" como aconteceu com Roma (SN, 1.106).

Portanto, não se trata de um retorno cósmico, como para Heráclito, mas de um retorno histórico, que passa por um complexo processo de decadência. A Providência não intervém com raios que matam multidões e fogo que tudo destrói num instante. Mas usa o processo histórico como advertência pedagógica aos povos, sinalizando, por exemplo, o mal-estar causado pela contínua decadência. Vale a pena citar de novo o § 1.106 da SN: "Depois do triunfo do egoísmo e da dissolução dos costumes, instala-se a barbárie; "os poucos sobreviventes, servindo-se apenas de coisas necessárias à vida (não as supérfluas), tornaram-se novamente sociáveis e, voltando à simplicidade dos primórdios da humanidade, são de novo religiosos, verdadeiros e fiéis. É deste modo que a Providência traz de volta à comunidade, à piedade, à fé e à verdade que são os fundamentos da justiça, do bem e da beleza, da ordem eterna de Deus". Vico descreve a decadência do Império Romano e seu renascimento na civilização cristã, "mais justa e respeitosa da ordem eterna de Deus". O cristianismo colabora, portanto, para adequar um pouco mais a história humana, temporal e imperfeita, à história eterna, ideal.

10.6 Síntese e conclusão

Portanto, para Vico, a Providência não é a ação de Deus pessoal na história (como para Santo Agostinho), mas a lei da história humana com as etapas de início, ascensão e queda. O eterno retorno é do processo histórico e não do cosmos, como para os gregos. Vico está mais preocupado com as origens do que com o *telos*. A dialética do *corso*, decadência, e o *ricorso*, novo início, são o "remédio extremo" para educar e reeducar a humanidade e reconduzi-la à sua natural sociabilidade, piedade e fé.

Vico investigou a história como "filósofo dos fatos humanos". Explorou da primeira à última página a ideia de providência laicizada como princípio fundante do processo. Fazendo esta opção, não subordinou a história à fé cristã, mas respeitou a dialética própria da sociedade política. A teoria da história de Vico não visa uma realização final como em Santo Agostinho e Hegel. Através das categorias de *corso* e *ricorso* entende descrever o progresso histórico-cíclico da humanidade. No interior dos dois ciclos atua a Providência como lei do progresso da história que ministra o "último remédio para a extrema doença da humanidade" (a corrupção generalizada), que marca o início para um novo começo. Por exemplo, o regresso à barbárie cura o homem da supercivilização da reflexão cartesiana que defendeu a filosofia more geométrico, que na prática é retrocesso. Portanto, *Scienza Nuova* é também uma sátira à filosofia moderna indubitável como o *cogito ergo sum* do *Discurso do método*.

É paradoxal que Vico, pelo retorno à barbárie, talvez profetize a salvação da humanidade atual que se devora pela competição no auge do desenvolvimento econômico, científico e tecnológico de nossos dias. Tudo isto, para Vico, é prenúncio da decadência. Será?

LEITURA DE TEXTOS DE VICO
(Os números indicam os parágrafos de SN)
a) Origem das línguas, das cidades e da cidadania

238-239 – A ordem das ideias deve proceder segundo a ordem das coisas; e a ordem das coisas humanas procedeu assim: primeiro foram as selvas, depois as cabanas, a seguir os povoados, logo a seguir as cidades, e, por último, as academias.

240 – Este axioma é um princípio importante. É segundo esta série de coisas humanas que se deveriam narrar as histórias das línguas nativas, conforme se observa na língua latina, em que a quase totalidade das suas palavras tem origem silvestre ou campesina. Vejamos, a título de exemplo, *lex*, que a princípio deve ter significado "colheita de bolotas", donde cremos que procede *ilex* ou *illex,* o carvalho, que produz a bolota, da qual se alimentam os porcos; depois *lex* foi "colheita de legumes, pelo que a estes se chamou *legumina*. Mais tarde, quando ainda não tinham sido inventadas as letras vulgares, com as quais se escrevem as leis, *lex* deve ter sido, por uma necessidade de natureza civil, "ajuntamento de cidadãos, ou seja, o parlamento público; por isso, a presença do povo era a lei que solenizava os testamentos que se faziam *calatis comitiis*. Por último, o juntar letras e fazer com elas como que um feixe em cada palavra foi designado por *legere*.

b) Natureza dos povos e sua evolução

242 – A natureza dos povos começa por ser cruel, depois é severa, mais tarde benigna, refinada posteriormente e, por último, dissoluta.

243 – No gênero humano surgem primeiro os caracteres brutais e grosseiros, como Polifemo; a seguir os magnânimos e orgulhosos, como Aquiles; depois, valorosos e justos, como Aristides ou Cipião o Africano. Mais próximos de nós aparecem outros, com grandes aparências de virtude acompanhadas de grandes vícios, que têm fama, entre o vulgo, de glória autêntica, como Alexandre e César; mais tarde, ainda, os tristes e reflexivos, como Tibério; por último, os furiosos, dissolutos e desavergonhados, como Calígula, Nero e Domiciano.

244 – Este axioma mostra que os primeiros foram necessários para que o homem obedecesse ao homem no estado das famílias e para submeter à obediência das leis no estado futuro das cidades; os segundos, que, por natureza, nada cediam a seus iguais, foram necessários para estabelecer a república aristocrática sobre o estado familiar; os terceiros, para abrir caminho à liberdade popular; os quartos, para introduzir as monarquias; os quintos, para estabelecê-las; e os sextos para as derrubar.

c) Deus criou a natureza e o homem construiu o mundo civil

331 – Mas, nesta densa noite tenebrosa que cobre nossa remotíssima Antiguidade, aparece esta luz eterna que não se oculta, uma verdade que de modo algum se pode pôr em dúvida: *este mundo civil foi certamente feito pelos homens*, pelo que se podem e devem encontrar os seus princípios nas *modificações da nossa própria mente humana*. A quem reflita sobre isto deve causar espanto que os filósofos tivessem submetido todas as suas energias ao estudo do mundo natural que, sendo obra de Deus, só Ele conhece; e que se descuidassem de meditar sobre o mundo das nações, isto é, sobre o mundo civil que, por ter sido feito pelos homens, estes poderiam chegar a conhecê-lo. Este extravagante efeito proveio da miséria da mente humana já que, estando imersa e sepultada no corpo, está naturalmente inclinada a sentir as coisas do corpo, tendo que pôr em jogo muitos esforços e

fadigas para entender-se a ela mesma, tal como o olho corporal, que vê todos os objetos fora dele, tem necessidade de um espelho para se ver a ele mesmo.

332 – Ora, uma vez que este mundo de nações foi feito pelos homens, vejamos em que coisas os homens concordam e sempre concordaram, pois tais coisas poderão dar-nos os princípios universais e eternos (tal como devem ser os de toda a ciência) sobre os quais se fundaram todas as nações e como tais se conservaram.

d) Três costumes básicos da humanidade

333 – Observamos que todas as nações, tanto bárbaras como civilizadas, embora fundadas separadamente – por estarem distanciadas umas das outras por espaços enormes de tempo e de lugar – mantiveram estes três costumes humanos: todas têm alguma *religião*, todas celebram *matrimônios solenes,* todas *sepultam seus mortos*; em nenhuma nação, por mais selvagem e cruel que seja, são quaisquer outras atividades celebradas com cerimônias mais complicadas e com mais sagrada solenidade do que a religião, os matrimônios e os funerais. Pois, pelo axioma segundo o qual "ideias uniformes, nascidas em povos desconhecidos entre eles, devem ter um princípio comum de verdade", deve ter sido ditado a todas as nações; que por estas três coisas começou a humanidade em todas elas e, por isso, devem ser conservadas com devoção por todas elas, para que o mundo não volte à sua ferocidade e a selva o não cubra de novo.

e) Os três primeiros princípios

344 – Por esta razão tomamos estes três costumes eternos e universais como os três primeiros princípios desta ciência. Por tudo isso, na deplorada obscuridade das origens das nações e na inumerável variedade dos seus costumes, não se podem desejar provas mais sublimes para um argumento divino que compreende todas as coisas humanas do que aquelas que nos dão a natureza, a ordem e o fim, isto é, a conservação do gênero humano. Provas estas que nos parecem luminosas e distintas quando refletimos na facilidade com que as coisas nascem e em que circuns-

tâncias: com frequência em lugares muito distantes e por vezes contrários aos propósitos dos homens e, todavia, adaptando-se-lhes por si mesmas. Provas como estas, subministra-as a onipotência. Comparemos as coisas umas com as outras e observemos a ordem pela qual nascem em seus tempos e lugares próprios, no momento em que devem nascer, enquanto noutras diferem o tempo e o lugar de seu nascimento; e nisto consiste, segundo a opinião de Horácio, toda a beleza da ordem; e tais provas no-las manifesta a sublime sabedoria. Consideremos, por último, se somos capazes de o conceber, ocasião, lugares e tempos em que teriam podido ter lugar outros benefícios divinos com os quais, em determinadas necessidades ou infelicidades dos homens, a sociedade humana pudesse ser melhor conduzida e preservada; e a eterna bondade de Deus nos dará estas provas.

346 – Estas sublimes provas teológico-naturais nos serão confirmadas mediante as seguintes espécies de provas lógicas: ao raciocinar sobre as origens das coisas divinas e humanas dos gentios, chegamos aos princípios, para além dos quais é vã curiosidade procurar outros anteriores, e esta é a característica própria dos princípios; explicamos as formas particulares do seu nascimento, isto é, a sua "natureza", e é isso que constitui a nota singularizadora da ciência; e, por último, (estas provas) são confirmadas pelas propriedades eternas (que as coisas) conservam, e que não podiam ser o que são e as coisas não tivessem nascido tal como nasceram, em determinados tempos, lugares e modos, ou seja, segundo aquelas naturezas particulares [como acima se propôs, em dois axiomas].

f) Síntese do plano eterno ideal (Providência) e as leis da história humana

348 – E para determinar os tempos e lugares da história, esta ciência aplica uma arte da crítica metafísica em relação aos fundadores destas mesmas nações. O critério de que se serve, segundo um axioma atrás exposto, é o ensinado pela Providência Divina e comum a todas as nações: o senso comum do gênero humano, determinado pela conformidade necessária das próprias coisas humanas e na qual radica toda a beleza deste

mundo civil. Portanto, nesta ciência reina esta espécie de provas: uma vez que as ordens foram estabelecidas pela providência divina, as coisas relativas às nações *deviam, devem e deverão* ser tal como esta ciência demonstra, mesmo se, por toda a eternidade, nascessem, de tempos em tempos, mundos infinitos; o que, certamente, não é o caso.

349 – Portanto, esta ciência vem, ao mesmo tempo, descrever uma *história ideal eterna* percorrida, no tempo, pelas histórias de todas as nações, com as suas origens, progressos, equilíbrios, decadências e extinções.

g) Introdução à *Scienza Nuova*

31 – Esta *Ciência Nova*, ou seja, a Metafísica, meditando, à luz da providência divina, sobre a comum natureza das nações, e tendo descoberto as origens das coisas divinas e humanas entre as nações gentias, estabelece um sistema do direito natural das gentes que procede, com suma igualdade e constância, através das três idades que os egípcios nos deixaram como sendo os três períodos por que passou o mundo, até eles, ou seja: a) a idade dos deuses, na qual os gentios acreditavam viver sob governos divinos e que tudo lhes era ordenado pelos auspícios e oráculos, que constituem as coisas mais antigas da história profana; b) a idade dos heróis, em que estes reinaram por toda a parte através de repúblicas aristocráticas, por considerarem uma certa superioridade de natureza entre eles e os plebeus; e, por último, c) a idade dos homens, na qual todos reconheceram serem iguais quanto à sua natureza humana, assim nascendo, em primeiro lugar, as repúblicas populares e, finalmente, as monarquias, sendo ambas formas de governos humanos, como foi dito um pouco acima.

De harmonia com estes três tipos de naturezas e de governos, falaram-se três espécies de línguas, que compõem o vocabulário desta ciência; a primeira, no tempo das famílias, quando era ainda recente a humanização dos homens; foi uma língua muda, mediante sinais ou objetos que tinham relação natural com as ideias que queriam significar; a segunda, foi falada para as empresas heroicas, isto é, mediante semelhanças, comparações, imagens, metáforas e descrições naturais, que formam a maior parte da língua heroica, falada no tempo em que os heróis reinavam; a terceira foi a língua humana, mediante vozes sobre as quais os povos concordaram e da qual eles são senhores absolutos. É própria das repúblicas populares e dos estados monárquicos, pois são os povos que dão sentido às leis as quais também os nobres estão sujeitos. Daí que em todas as nações, uma vez postas as leis na língua vulgar, a ciência delas escapa das mãos dos nobres, que antes mantinham uma língua secreta e nobre, pois em toda a parte eles foram sacerdotes: esta é a razão natural do segredo das leis entre os patrícios romanos até ter surgido a liberdade popular.

Com estas três línguas – próprias das três idades em que tiveram lugar três espécies de governos, em conformidade com as três espécies de natureza civil que se sucedem no curso evolutivo das nações – se articula, na mesma ordem e cada uma a seu tempo, uma jurisprudência adequada.

144 – As ideias uniformes nascidas em povos desconhecidos entre si devem ter um fundo comum de verdade.

149 – As tradições vulgares devem ter tido um fundo público de verdade, pelo qual nasceram e se conservaram em povos inteiros durante largos períodos de tempo.

150 – Este será outro grande empenho desta ciência: encontrar de novo os fundamentos da verdade que, com o correr dos anos e o mudar das línguas e dos costumes, chegou até nós envolvida em falsidade.

151 – As línguas vulgares devem ser os testemunhos mais poderosos dos costumes antigos dos povos, ocorridos na altura em que se formaram as línguas.

152 – Uma língua de uma nação antiga, conservada em vigor até que atinge a perfeição, deve ser um grande testemunho dos costumes dos primeiros tempos do mundo.

156 – Se os poemas de Homero são histórias civis dos antigos costumes dos gregos, serão dois grandes tesouros do direito natural das gentes da Grécia.

159 – As tradições vulgares devem ter tido um fundo público de verdade, pelo qual nasceram e se conservaram em povos inteiros durante largos períodos de tempo.

177 – Aí, onde os povos estão de tal modo enfurecidos com as armas que não há lugar para as leis humanas, o único meio capaz de os submeter é a religião.

178 – Este axioma estabelece que, no estado sem lei, a providência divina facilitou aos ferozes e violentos a sua passagem para a humanidade e organização em nações, despertando neles uma ideia confusa da divindade que eles, por ignorância, atribuíam a quem não convinha; e, deste modo, pelo temor de tal imaginada divindade, começaram a conduzir-se com certa ordem...

180 – Os homens, ignorantes das causas naturais que produzem as coisas, quando não as podem explicar, mesmo que seja por coisas semelhantes, conferem às coisas a sua própria natureza, como quando o vulgo diz, por exemplo, que o ímã ama o ferro.

181 – Este axioma é uma parcela do primeiro, segundo o qual a mente humana, devido à sua natureza indefinida, quando jaz na ignorância, constitui-se em regra do universo a respeito de tudo o que ignora.

182 – A física dos ignorantes é uma metafísica vulgar, mediante a qual atribuem à vontade de Deus as causas das coisas que ignoram, sem considerar os meios de que a vontade divina se serve.

185 – A fantasia é tanto mais forte quanto mais débil é o raciocínio.

186 – O labor mais sublime da poesia está em dar sentido e paixão às coisas insensíveis, e é uma característica das crianças tomarem coisas inanimadas entre as mãos e, brincando, falar-lhes como se elas fossem pessoas vivas.

187 – Este axioma filológico-filosófico prova que os homens, na infância do mundo, foram, por natureza, poetas sublimes. [...]

204 – A mente humana compraz-se, por natureza, com o uniforme.

205 – Este axioma, uma vez aplicado às fábulas, é confirmado pelo costume que tem o vulgo de, ao tecer as fábulas acerca de homens famosos num sentido ou noutro, e numa ou noutra

circunstância, fazer com que a fábula se ajuste ao caráter e à ocasião. Estas fábulas são *verdades ideais* em conformidade com o mérito dos que são objeto de ficção. E são falsas de fato, na medida em que não é conferido ao mérito desses homens aquilo de que eles são dignos. De modo que, se virmos bem, a verdade poética é uma verdade metafísica, frente à qual a verdade física, que não se conforme com ela, deve ser tida por falsa. Daqui deriva esta importante consideração em teoria poética: o verdadeiro capitão de guerra é o Godofredo que Torquato Tasso imagina; e todos os chefes que não se conformam, em tudo e por tudo, a Godofredo, não são verdadeiros chefes militares.

Imanuel Kant
1724-1804

"Do lenho torto de que é feito o homem não se pode construir uma sociedade perfeitamente justa."

"O homem quer concórdia, mas a natureza sabe o que é melhor para a espécie humana e provoca a discórdia"; o homem quer "comodidade, mas a natureza quer que ele se atire ao trabalho, à luta para vencer dificuldades, obstáculos e opositores".

"A história da espécie humana é a realização de um plano secreto da natureza que se realiza na constituição perfeita, nacional e internacional."

"Uma tentativa filosófica de entender a história universal como um plano secreto da natureza que tenha por objetivo a união política da espécie humana."
I. Kant

11
KANT: SEGREDOS DA NATUREZA

11.1 Introdução

Nos capítulos anteriores analisamos a relação da liberdade humana com o destino, com a aliança entre liberdade e providência cristã. Na filosofia grega, anterior aos estoicos, a liberdade não foi tematizada, tratada explicitamente; ela estava presente na ética através do conceito de deliberação, ponderação e decisão pelo meio-termo.

Na filosofia estoica o exercício virtuoso da liberdade é quase nulo: resta-nos apenas "decidir" que "aceitamos o que desde sempre tinha sido decidido pela Natureza, pelo *Fatum*".

Com o advento da era cristã, grandes filósofos convertidos bateram-se contra o determinismo férreo imposto à liberdade humana e à história; à providência meramente imanente dos estoicos, opuseram a Providência totalmente transcendente dos teólogos: a Providência Divina orienta e, de algum modo, conduz o homem à plena realização e felicidade. São famosos os adágios: "o homem se agita e Deus o conduz" ou "Deus escreve certo por linhas tortas". Estas expressões não estão longe do antigo estoicismo, apenas o sobrenaturalizam, isto é, o transferem para um mundo totalmente transcendente.

No início da Idade Moderna Vico considera a Providência como uma aliada da liberdade humana: age no mundo através dos homens; mas é liberdade que fez a história e cria as civilizações com o apoio da transcendência divina, que sugere os melhores caminhos para o homem e a história através de acenos, sinais, tais como o mal-estar e a miséria geral, o que leva às guerras; e o conforto e a tranquilidade que resultam dos tratados de paz e de cooperação.

Kant volta à imanência da natureza, um mitigado retorno aos estoicos. A natureza tem um plano secreto para a história que será realizado apesar das vaidades e interesses individuais de nações e das pessoas: a natureza *seve-sedos*, planos pessoais, limitados, e muitas vezes ditatoriais, ou populistas, para realizar planos gerais do interesse do bem-estar da humanidade.

Portanto, enquanto os estoicos defendem um férreo determinismo da natureza (divinizada), Kant sugere que a mesma natureza dispõe de um plano que a liberdade humana construirá, mesmo agindo por meros interesses de pessoas vaidosas.

O homem "é um lenho torto", diz Kant, e com ele é muito difícil construir uma história totalmente justa; mas consegue-se um nível social aceitável com muito esforço, muito tempo e séculos superando disputas inúteis e sangrentas (cf. adiante teses 5 e 6).

Enfim, na visão kantiana, não é "Deus que escreve por linhas tortas", mas a natureza; é uma naturalização da providência cristã ou um retorno e uma branda providência estoica.

É por isso que a ética kantiana, ao contrário da ética e providência estoica, nasce na intimidade da razão, da boa vontade e liberdade, onde não interfere a dimensão biológica da natureza humana: a consciência moral pertence ao mundo inteligível. Veremos a seguir como Kant defende seu ponto de vista.

11.2 Plano da natureza

Os acontecimentos tipicamente humanos como a decisão de casar, os nascimentos daí decorrentes, a escolha de uma profissão, a pretensão a uma entidade política parecem decisões de homens livres e independentes de forças naturais desconhecidas.

Ao contrário, Kant sustenta a tese de que elas "acontecem segundo leis naturais constantes como as que regem as inconstâncias atmosféricas que nem por isso deixam de garantir regularmente o crescimento das plantas e a sucessão das estações"; do mesmo modo, cada um de nós acredita seguir seu próprio caminho, decidido por nossa liberdade e intenções; de fato, porém, "obedecemos, sem dar-nos conta, a um desígnio oculto da natureza"; nós avançamos como guiados por um fio condutor que desconhecemos e trabalhamos para realizar seus desígnios secretos, imaginando que nós os decidimos; os homens não agem nem por instinto, como os animais, nem como cidadãos racionais; em geral, agem por vaidade, sem sentido ou por apetite de destruição. Este comportamento dificulta a investigação de "um desígnio racional nas ações humanas", conclui:

Cabe ao filósofo "indagar se há um desígnio da natureza nesta marcha absurda das ações humanas". O desafio da filosofia da história, então, é este: "tentar descobrir nas nossas ações um fio condutor, esperando que a natureza produza homens capazes de segui-lo. Por exemplo, talvez com este propósito, diz Kant, um belo dia, a natureza produziu Kepler e Newton, que descobriram e explicaram as leis das "trajetórias excêntricas dos planos terrestres a partir de uma causa natural". O filósofo deve, por seu turno, investigar a possibilidade de encontrar, no fundo do agir livre e louco do homem, uma lei reguladora de suas ações como Kepler e Newton encontram as leis dos fenômenos naturais que pareciam sem nexo. Vejamos como Kant desenvolveu estas afirmações:

11.3 Princípios da filosofia da história

Em nove breves parágrafos, Kant, no opúsculo "Ideia de uma história universal do ponto de vista cosmopolita", analisa proposições nas quais, num crescendo sempre mais complexo, formula uma filosofia da história, que certamente serviu de inspiração para vários teóricos do assunto, inclusive para Hegel.

Em primeiro lugar, a tese central de Kant: "as tendências, as qualidades naturais do ser humano, com o passar dos séculos, desenvolver-se-ão por completo de acordo com sua finalidade". É isto que a natureza teleológica do homem postula. Ao contrário, cairíamos no absurdo, e na desrazão que funcionariam "no lugar da razão". Por exemplo, um órgão de nosso corpo que fosse feito para não ser usado contradiria sua natureza feita para alcançar um *telos* para o qual devem concorrer todas as partes do corpo. Seria absurdo que um órgão não fosse necessário e para nada servisse.

O segundo princípio diz que as múltiplas tendências e qualidades da natureza humana não se realizam plenamente em cada indivíduo, mas na espécie; nossa natureza se desenvolve com o passar do tempo, gradativamente, experiência por experiência. Cada um de nós precisaria viver muitíssimos séculos para realizar todas estas qualidades e inclinações naturais. Por isso é preciso pensar em termos de gerações, que transmitem às seguintes as experiências, para alcançar o grau de desenvolvimento e os objetivos da nossa espécie. Este deve ser o sentido dos esforços de cada um de nós. Do contrário, as tendências naturais, presentes no homem, seriam frustradas, sem finalidade, um desejo impossível de ser realizado por falta de tempo de vida, portanto, um desejo absurdo. Um exemplo desta tese é a moral bíblica que se desenvolveu aos poucos até chegar à ideia de justiça e amor.

Em terceiro lugar, o salto da razão que transcende a natureza sensível e irracional do homem. A natureza deu-lhe a razão e a liberdade para que ele construísse seu bem-estar e felicidade exclusivamente a partir de si, do uso destes dotes que só ele recebeu da natureza. Cabe somente a ele descobrir, pouco a pouco, os alimentos compatíveis com seu organismo, a maneira de se vestir e abrigar-se das intempéries, de se defender dos perigos e obstáculos que a natureza interpõe; e, por fim, encontrar a melhor maneira de desenvolver sua inteligência e vontade e, "tanto quanto é possível na terra, elevar-se à felicidade". Assim ele teria a satisfação de dever só a si mesmo este resultado. "No plano moral, propositalmente a natureza providenciou um projeto secreto de vida para que ele, exercendo a razão e a liberdade, o descubra e se esforce ao máximo para se tornar digno da vida e do bem-estar através de sua conduta", conclui Kant.

Seria muito estranho que as gerações presentes lutassem para contornar os obstáculos possíveis para as gerações seguintes; estariam construindo um edifício civilizatório "que só as últimas gerações habitariam; as gerações atuais não participariam, portanto, da felicidade que eles construíram para os outros". Mas não é assim, pois ninguém está excluído da felicidade relativa à sua época de vida, mas a natureza estabelece que os seres racionais, mortais nos indivíduos e imortais na espécie, desenvolvam aos poucos o pleno desdobramento das tendências humanas da espécie. As gerações atuais são felizes com as realizações de que foram capazes de produzir.

Em quarto lugar, Kant entende que a natureza realiza seus planos através dos conflitos entre os homens; os antagonismos são a causa da boa regulamentação da sociedade. Os homens que tendem a associar-se, ao mesmo tempo, nutrem um sentimento de desagregação que ameaça constantemente dissolver esta mesma sociedade: é a "sociabilidade insociável" dos homens.

A sociabilidade insociável encerra, pois, dois aspectos: a resistência e, ao mesmo tempo, cobiça de ocupar entre os homens (que ela detesta) um lugar mais vantajoso para si. É este impulso ambicioso que nos leva do barbarismo à civilização, e que confere valor social à existência humana. Enfim, a ambição impele o homem da simples disposição natural aos grandes princípios morais que elevam a sociedade ao patamar de "comunidade moral" em "o mundo inteligível".

Paradoxalmente, é pela insociabilidade que o homem começa a cultivar e desenvolver seus talentos que, se não houvesse competição, permaneceriam ocultos, no estado germinal e latente, relegando o homem à vida pastoril onde reina a concórdia, a mansidão dos carneiros e alcançaria um "valor pouco maior que o de seus animais domésticos". Daí a famosa passagem de Kant: "bendita seja a natureza pela insociabilidade, pela vaidade, pela emulação e inveja, pela insaciável ânsia de riqueza e poder!" Estas insociabilidades estimularam as inclinações naturais a criar a ciência, a tecnologia, os fantásticos avanços na biologia. Sem as vaidades da insociabilidade estes talentos naturais estariam adormecidos até agora. Enfim, diz Kant, "o homem quer concórdia, mas a natureza sabe o que é melhor para a espécie humana e provoca a discórdia". O homem quer "comodidade, mas a natureza quer que ele se atire ao trabalho, à luta para vencer dificuldades, obstáculos e opositores".

No quinto princípio, Kant analisa "o maior desafio da espécie humana: a constituição da sociedade civil onde reine a maior liberdade e competição entre os cidadãos". Ao mesmo tempo, a liberdade precisa ser contida dentro de limites que garantam a convivência das liberdades: "minha liberdade deve coexistir com a liberdade dos outros". Por isso, diz Kant, "o desafio máximo que a natureza faz à espécie humana é a criação de uma sociedade em que a liberdade mais ampla seja submetida a um poder irresistível de uma constituição civil perfeitamente justa": sem uma constituição, as liberdades individuais ficam selvagens e exterminadoras dos concorrentes. Mas, quando as liberdades se submetem à constituição, então as tendências antagônicas da natureza humana produzem muitos frutos. Por conseguinte, "tanto a cultura e a arte como a mais esplêndida ordem social são frutos da insociabilidade que se obrigou a disciplinar-se para desenvolver as possibilidades latentes da natureza humana".

Em sexto lugar, Kant estuda o problema do poder. O homem é um animal que precisa ser controlado, "precisa de um senhor forte" que o impeça de abusar de sua liberdade em relação aos outros. Precisa de um senhor que o obrigue a submeter a vontade individual à vontade universal da população. Quem será este senhor? Certamente não um indivíduo limitado que vive poucos anos. Será a espécie humana? Mas ela também é um animal que precisa de um senhor. Será uma forma de governo? Mas tanto o governo monárquico como o aristocrático ou republicano fará mal uso de sua liberdade se acima dele não houver uma constituição forte que o controle. É por tudo isto que a constituição da sociedade civil bem ordenada é difícil e quase sem limite de tempo para acontecer. Será inútil esperar uma solução perfeita do problema da constituição da sociedade porque "do lenho torto de que é feito o homem, nada se pode fabricar de totalmente direito". Só no longo prazo podemos esperar uma sociedade mais livre, equilibrada e justa. Para chegar a este ponto é necessária uma longa experiência de convívio social, grande conhecimento dos rumos do mundo e, sobretudo, boa vontade dos cidadãos de submeter-se a uma constituição que limita suas liberdades. Reunir estas três qualidades demanda muitos séculos de amadurecimento pessoal e social.

Se a tese anterior insistia num forte poder interno, na sétima Kant avalia a necessidade de uma sociedade supranacional.

É inviável uma sociedade bem ordenada, mas cercada de outras injustas, belicosas, e ameaçadoras. Isto quer dizer que os vícios da insociabilidade individual, que obrigaram as pessoas a associar-se sob uma constituição, repetem-se entre as nações. Conflitos, guerras e ameaças constantes obrigaram as comunidades nacionais, depois de longas experiências negativas, a entrar "numa sociedade de nações" que garanta a todas a segurança e o direito. Isto significa que, através das guerras, a sábia natureza suscita novas relações entre os Estados. A natureza que, por caminhos secretos, induziu os homens livres a se associarem civilmente numa comunidade política, obriga também as nações, armadas umas contra as outras e sempre em preparação para as guerras, a se unirem cumprindo, sem saber, as intenções secretas da natureza. Enfim, os antagonismos devem impelir nossa espécie a "encontrar uma lei de equilíbrio entre as nações que garanta segurança a todas".

Entretanto, adverte Kant, o progresso cosmopolita, sozinho, não basta. O alto grau de civilização, de bem-estar político, de desenvolvimento das artes, ciência e cultura devem levar-nos a um alto nível de moralidade. Não basta o estado despender suas forças para elevar o grau do bem-estar externo, sem prover a formação moral dos cidadãos. Diz Kant: "todo o bem-estar que não inclua uma boa formação moral não passa de aparência e miséria dourada". Para Kant, o legislador deve ser também educador, um formador da consciência moral da comunidade, sabendo que "o alto grau de progresso não significa, necessariamente, alto grau de moralidade".

A oitava proposição é a síntese da filosofia da história kantiana. Em substância diz isto: "a história da espécie humana é a realização de um plano secreto da natureza que se realiza na constituição perfeita, nacional e internacional". Esta é a única maneira pela qual a natureza pode desenvolver na humanidade todas as suas potencialidades secretas que são infinitas. Mas não haverá milenarismo. Houve tempo em que muitos, inspirados em crenças religiosas, esperavam que, após o juízo final, seguiria um milênio de plena felicidade no qual os crentes usufruiriam de todos os prazeres, até os proibidos. Nada disto promete a constituição perfeita de Kant. A preocupação do filósofo é tentar "saber se a experiência humana pode descobrir sinais de um processo de felicidade embutido nos desígnios secretos da natureza para este lenho torto que todos somos. Isto é muito incerto e difícil de dizer tanto quanto os astrônomos prever o destino do universo". Porém, sabemos por experiência que a natureza humana espera realizar o sonho da felicidade ainda que este momento seja muito distante e que não possamos nunca conhecer em detalhe. Sinal disto é que nossa experiência atual ensina nossos descendentes a construir para eles uma época mais feliz. Sabemos também que o alto nível de desenvolvimento de uma nação não lhe permite descuidar-se da cultura dos cidadãos. A marcha de nossa natureza para uma finalidade feliz está sinalizada nos próprios intuitos ambiciosos das nações e no progresso da liberdade dos cidadãos. O Estado que dificulta a liberdade da cidadania perde força no plano interno e perante outros Estados. Assim, diz Kant, "embora misturada com muita ilusão, vai surgindo, aos poucos, a era das luzes como um grande bem que a humanidade deve construir apesar dos propósitos egoístas e expansionistas dos governantes". Aos poucos, a humanidade entende que a guerra é um empreendimento custoso, de resultados duvidosos para todos os lados: uma grave perturbação para todos. Por isso, há nações que oferecem aos beligerantes mediação de paz. Começa assim a desenhar-se a constituição de "um grande corpo político", uma sociedade cosmopolita.

Assim, após tantos conflitos, revoluções e transformações é lícito esperar a realização da finalidade máxima da natureza: "uma sociedade cosmopolita na qual se desenvolvam todas as aspirações da espécie humana".

No nono e último ponto, Kant apresenta a justificação de sua concepção de filosofia da história: "uma tentativa filosófica de entender a história universal como um plano secreto da natureza que tenha por objetivo a união política da espécie humana". Esta tese, diz Kant, de início pode parecer absurda ou, em melhor hipótese, "romântica tentativa de construir a história a partir da ideia filosófica, abstrata, e *a priori* de "como deveria ser o mundo".

Mas, para Kant, não é romântica a aceitação da afirmação segundo a qual "a natureza não age sem plano e sem um objetivo final que o homem desconhece". Esta ideia tem, pelo menos, indícios na natureza observável, e poderia "servir de fio condutor para representar as ações humanas, como formando um sistema". Por exemplo, desde os gregos, passando pelos romanos e os impérios cristãos medievais, podemos detectar um movimento constante para melhorar a constituição política dos povos até a criação dos Estados modernos constitucionais e democráticos; é claro que estes avanços não acontecem sem recuos e retornos à barbárie antiga. Estes embates históricos sempre deixaram algum traço positivo, alguma luz que ajudou a humanidade a progredir. Este pode ser o fio condutor para entender filosoficamente a história das ações humanas e abrir uma perspectiva sobre o futuro no qual nossa espécie chegará a desenvolver todas as tendências que a natureza nela implantou e realizar seu destino histórico.

É de se elogiar o esforço de Kant para penetrar no futuro da história humana e apontar um ponto de partida para ler filosoficamente o desenvolvimento da história: uma interpretação racional da marcha da espécie humana no mundo, tentando, às apalpadelas, descobrir uma finalidade racional no emaranhado confuso e contraditório do agir humano ao longo dos tempos e não esperar que a existência humana só encontre sentido no mundo do além. Observe-se, enfim, o olhar pessimista e desconfiado de Kant a respeito do "lenho torto" que somos todos nós.

11.4 O direito das nações

Kant aprofundou a concepção da sociedade cosmopolita no opúsculo *A paz perpétua*, onde propõe um esboço de formulação do direito internacional. No horizonte de sua filosofia da história, construiu, *a priori*, a ideia de uma paz na visão contratualista da sociedade conforme a concepção de Rousseau.

Kant constata que, mesmo tendo abandonado a barbárie, os homens atualmente ainda vivem próximos ao estado de natureza, dispostos às guerras e convulsões que geram graves instabilidades sociais. Por isso, a razão nos impõe a sair deste estado de violência e a construir um estado de direito onde reine a paz sob a tutela forte da legalidade. A razão, suprema norma da moralidade, exige o estado da paz e, por nenhum argumento, tolera a guerra que deve ser banida da história humana incondicionalmente.

Enquanto vivia no estado de natureza, o homem celebrava tratados de paz para terminar com a guerra em curso, mas mantinha o "estado de beligerância" que, por qualquer motivo, retomava as hostilidades.

Como um dia os indivíduos renunciaram à liberdade selvagem para submetê-la à lei que lhes garante vida e liberdade, assim também os Estados soberanos e juridicamente independentes devem criar uma federação de nações (*Volkerstaat*), "uma república universal" de povos, um "contexto social de nações".

Esta federação terá uma "constituição republicana" que garanta a divisão dos três poderes, notadamente o do legislativo e executivo. Kant temia que as constituições democráticas dessem muita ênfase ao poder executivo que, aos poucos, torna-se demagógico ou arbitrário substituindo-se à vontade popular.

Não é possível criar a federação das nações sem alargar o conceito de soberania nacional como um poder interno absoluto cujo limite é outro poder nacional absoluto: uma autodeterminação dos povos extremada. Ao contrário disto, na federação das nações, cada participante reconhece que a organização universal é um dever que cada um impõe a si mesmo: é a autoridade mundial participada para o bem comum universal, determinada por lei internacional. Esta terá força coercitiva mundial, sob uma autoridade e uma lei geral. Os membros desta comunidade universal criarão organismos internacionais para atender às múltiplas exigências de educação, saúde, alimentação, habitação etc.

Este é o sonho kantiano da instalação do "direito cosmopolita" que gera os direitos do "cidadão do mundo" (*Weltbürliches*

Recht): seria a liberdade universal de circulação, de relacionamento, e de livre acesso ao comércio. Sob a Constituição republicana, as nações evitam a guerra não por causa da utilidade e comodidade, fim supremo das filosofias utilitaristas, mas pelo princípio da justiça que deve ser a base da aliança mundial.

Como construir o estado de paz? Que modelo seguir? Que filósofo nos inspirará? Mais uma vez, Kant recorre à natureza, a grande mestra da paz. No seu curso biológico, nossa natureza deixa transparecer uma finalidade: conduzir os seres humanos, mesmo contra sua vontade, a harmonizar seus desacordos e lutas.

A força secreta e irresistível da natureza foi reconhecida pelos estoicos como Destino, como lei férrea e necessária de um processo que o homem não conhece. No início do cristianismo, que surgiu quando vigorava a doutrina estoica no Império Romano, o Destino toma o nome de Providência. Aqui a natureza obedece a uma finalidade colocada na natureza por uma sabedoria suprema que nossa inteligência apenas pressupõe, sem poder provar sua existência. Kant laicizou a providência cristã sob o título de "desígnio secreto da natureza".

Voltemos a Kant. Esta misteriosa natureza, na qual estamos imersos, nos obriga e impele a buscar a finalidade que a razão nos impõe: criar um estado de direito e uma convivência de "paz cosmopolita". A natureza, através da nossa razão, obriga nossas liberdades a fugir da morte no estado natural submetendo-nos ao estado de direito republicano. A natureza não nos obriga a ser virtuosos, obriga-nos, sim, a conservar nossas vidas sob a custódia da lei. Este é o recurso secreto da natureza que conduz os povos, ainda que não queiram, a tornar-se autônomos: *volentibus fata ducumt*, *nolentibus trahunt*, diziam os estoicos.

Portanto, segundo Kant, a natureza determina os homens a construir a paz: ela nos força através da guerra que necessariamente se desencadeia no estado de natureza. Não basta entregar-se ao destino ou à bondosa providência divina. Neste processo, operam também poderosas forças imateriais inerentes à natureza humana, sobretudo a razão e a liberdade que rompem a fatalidade da natureza e criam a moral e o estado legal. A justiça é a força que conserva o estado, e a injustiça age para destruí-lo. Enfim, o dever moral e a justiça se tornam as regras dos povos. Sem liberdade e moralidade o processo histórico seria dominado pela violência ou pelas forças mecânicas e biológicas da natureza. Portanto, as forças da natureza e as qualidades imateriais no homem se completam: a natureza, secretamente, força-nos a entrar no estado de direito; mas só a justiça e a ordem legal garantem a continuidade deste estado e fazem com que os homens detestem a antiga situação natural.

O estado de direito funda-se, portanto, no imperativo moral: "age de tal modo que a máxima da tua conduta se torne uma lei universal". Este imperativo moral é também o fundamento do direito social. O fim que a sociedade busca (a paz) deriva deste princípio. A busca do fim é também um dever moral, mas deduzido. Portanto, no estado de direito, as normas do agir dos cidadãos devem corresponder às exigências de justiça. Por isso, "toda a ação relativa ao direito de outrem, cuja máxima não seja suscetível de generalização, é injusta".

Com isto, Kant desloca para o segundo lugar o tema da finalidade, que, em todos os tempos, foi o fundamento da ética e da política. Kant deduz a finalidade do fundamento da moralidade, que é o imperativo categórico.

11.5 Conclusão

Unindo o peso inexorável da natureza física e biológica com as forças da razão, da liberdade e da moralidade, Kant evita tanto o estoicismo determinista como o providencialismo cristão que infantilizam o homem. Pela força da razão, o homem sabe que deve só a si mesmo, à sua inventividade e criatividade, o progresso da história. Kant teve a enorme participação filosófica na formulação do Estado como instância de compatibilização do exercício das liberdades individuais normatizada pela lei. Entendia a liberdade subjetiva como único direito humano; o exercício social deste direito depende do contrato social dos cidadãos.

LEITURA DE TEXTOS DE KANT
Ideia de uma história universal
Seja qual for a nossa posição metafísica em relação ao conceito de *liberdade da vontade*, o certo é que as suas *manifestações fenomenais*, os atos humanos, bem como qualquer outro fenômeno da natureza, são determinados por leis naturais de caráter universal. A história que se ocupa da narração destas manifestações, por profundamente ocultas que as suas causas possam estar, permite esperar que ela – tendo em consideração o jogo da liberdade da vontade humana *na generalidade* – venha a poder descobrir um curso regular dessas manifestações, e que, desta maneira, aquilo que nos parece confuso e irregular em indivíduos isolados, possa ser reconhecido no conjunto da espécie como um desenvolvimento sempre contínuo, embora lento, das suas capacidades originais. Assim, os casamentos, os nascimentos deles resultantes, e a morte parecem não estar submetidos a qualquer regra segundo a qual o seu número possa ser previamente determinado, devido à grande influência que neles exerce a livre vontade do homem; e, no entanto, as estatísticas anuais dos mesmos, nos grandes países, provam que eles se processam segundo leis naturais tão constantes como as que regem as inconstâncias do tempo atmosférico, impossíveis de determinar previamente em pormenor, mas não deixando, em conjunto, de assegurar o crescimento das plantas, o curso dos rios e outros fenômenos da natureza, numa marcha uniforme e ininterrupta. Os homens individualmente, e até mesmo povos inteiros, mal pensam que, ao seguirem as suas próprias intenções – cada qual à sua maneira e muitas vezes uns em oposição aos outros –, prosseguem sem dar por tal um desígnio da natureza, que lhes é desconhecido, avançam como que guiados por um fio condutor e trabalham na realização de um propósito, ao qual, mesmo que dele tivessem conhecimento, pouca importância dariam.

Porque os homens, nos seus anseios, não agem meramente por instinto, como os animais, nem tampouco como cidadãos racionais do mundo segundo um plano determinado, não parece possível uma história sistemática deles (como, por exemplo, das abelhas ou dos castores). Não podemos deixar de sentir certa repugnância quando vemos os seus atos representados no grande palco do mundo. E, embora apareçam aqui e ali uns vislumbres de sensatez em casos isolados, tudo surge finalmente, na generalidade, como que entretecido de loucura, de vaidade pueril, muitas vezes de infantil maldade e sede de destruição, acabando por não sabermos que conceito fazer da nossa espécie, tão orgulhosa da sua superioridade. Perante isto, o filósofo, na impossibilidade de pressupor um específico *propósito* racional nos homens ou nos seus atos em geral, não tem outra solução senão tentar descobrir um *desígnio da natureza* nesta marcha absurda das coisas humanas, a partir do qual seja possível uma história que obedeça a um determinado plano da natureza, a propósito de criaturas que agem sem plano próprio. – Vamos ver se nos é possível encontrar um fio condutor para uma história de tal sorte e em seguida deixaremos à natureza a tarefa de produzir o homem capaz de escrever em conformidade com isto. Assim produziu ela um *Kepler* que, inesperadamente, submeteu a leis definidas as trajetórias excêntricas dos planetas; e um *Newton*, que explicou essas leis a partir de uma causa natural e universal.

Todas as disposições naturais duma criatura estão destinadas a desenvolver-se um dia de maneira plena e adequada ao respectivo fim.
Isto é confirmado pela observação, quer externa, quer interna ou anatômica, de todos os animais. Um órgão que não é para se usar, um dispositivo que não atinge o seu fim, é uma contradição na teoria natural teleológica. Porque, se nos afastarmos daquele princípio, deixaremos de ter uma natureza regida por leis, para ter uma natureza que age sem finalidade; e o desolador acaso tomará o lugar de fio condutor da razão.

No homem (única criatura racional existente na terra) *aquelas disposições naturais que se destinam ao uso da sua razão só viviam a desenvolver-se plenamente na espécie e não no indivíduo.* A razão, numa criatura, é a capacidade de alargar as regras e os desígnios do uso de todas as suas forças muito além do instinto natural, e não conhece limites aos seus planos. Contudo, ela própria não age, por instinto, antes requer experiências, exercícios e aprendizagem para avançar gradualmente dum escalão de inteligência para outro. Seria, pois, necessário que cada homem tivesse uma vida incomensuravelmente longa para aprender a usar plenamente de todas as suas disposições naturais; ou, se a natureza lhe destinou um tempo curto de vida (como realmente acontece), ela requer uma série talvez interminável de gerações, transmitindo uma à outra as suas luzes, para levar finalmente, em nossa espécie, os seus germes àquele grau de desenvolvimento plenamente conforme aos seus desígnios. E alcançar este momento deve ser, pelo menos idealmente, o objetivo dos esforços do homem; de outro modo, as suas disposições naturais teriam de ser consideradas, em grande parte, como vãs e sem finalidade, o que anularia todos os princípios de ordem prática e faria recair sobre a natureza a suspeita de ter andado a brincar infantilmente só com o homem, ela cuja sabedoria deve servir de princípio fundamental para a apreciação de todas as outras coisas (Texto tirado do opúsculo "Ideia de uma história universal de um ponto de vista cosmopolita").

O homem em dois mundos

Duas coisas enchem o ânimo de admiração e veneração sempre novas e crescentes, quanto mais frequentemente e com maior assiduidade delas se ocupa a reflexão: O *céu estrelado sobre mim e a lei moral em mim*; vejo-as perante mim e religo-as imediatamente com a consciência da minha existência.

A primeira coisa começa no lugar que eu ocupo no mundo exterior dos sentidos e estende a conexão em que me encontro até ao imensamente grande, com mundos sobre mundos e sistemas de sistemas, nos tempos ilimitados do seu periódico movimento, do seu começo e da sua duração.

A segunda coisa começa no meu invisível eu, na minha personalidade, lei moral, e expõe-me num mundo que tem a verdadeira infinidade; mas que só revela ao entendimento, e com o qual (e assim também com todos esses mundos visíveis) me reconheço numa conexão, não simplesmente contingente, mas universal e necessária.

O primeiro espetáculo de uma inumerável multidão de mundos aniquila, por assim dizer, a minha importância como *criatu-*

ra animal que deve restituir ao planeta (um simples ponto no universo) a matéria de que era feita, depois de, por um breve tempo (não se sabe como) ter sido provida de força vital.

O segundo, pelo contrário, eleva infinitamente o meu valor como inteligência por meio da minha personalidade, na qual a lei moral me descobre uma vida independente da animalidade e mesmo de todo o mundo sensível, pelo menos, tanto quanto se pode inferir da destinação conforme a um fim da minha existência conforme essa lei, que não se restringe às condições e limites desta vida, mas se estende até ao infinito.

Numa palavra: a ciência buscada criticamente e introduzida metodicamente é a porta estreita que leva à *doutrina da sabedoria*, se por esta se entende não só o que se *deve fazer*, mas o que deve servir de fio condutor aos *mestres* para abrir bem e com conhecimento o caminho para a sabedoria, que cada um deve seguir, e preservar os outros de falsas vias; uma ciência cuja depositária deve ser sempre a filosofia, em cuja sutil investigação o público não deve ter parte, mas sim nas *doutrinas* que, após uma tal elaboração, podem finalmente surgir-lhe em toda a sua claridade (Conclusão de a *Fundamentação da metafísica dos costumes*).

Exaltação da boa vontade

Neste mundo, e até também fora dele, nada é possível pensar que possa ser considerado como bom sem limitação a não ser uma só coisa: uma boa vontade. Discernimento, argúcia de espírito, capacidade de julgar e como quer que possam chamar-se os demais *talentos* do espírito, ou ainda coragem, decisão, constância de propósito, como qualidades do *temperamento*, são sem dúvida coisas boas e desejáveis; mas também podem tornar-se extremamente más e prejudiciais se a vontade, que haja de fazer uso destes dons naturais e cuja constituição particular por isso se chama *caráter*, não for boa. O mesmo acontece com os *dons da fortuna*. Poder, riqueza, honra, mesmo a saúde, e todo o bem-estar e contentamento com a sua sorte, sob o nome de *felicidade*, muitas vezes desanda em soberba, se não existir também a boa vontade que corrija a sua influência sobre a alma e juntamente todo o princípio de agir e lhe dê utilidade geral;

isto sem mencionar o fato de que um espectador razoável e imparcial, em face da prosperidade ininterrupta duma pessoa a quem não adorna nenhum traço duma pura e boa vontade, nunca poderá sentir satisfação, e assim a boa vontade parece constituir a condição indispensável do próprio fato de sermos dignos de felicidade.

Para desenvolver, porém, o conceito de uma boa vontade altamente estimável em si mesma e sem qualquer intenção ulterior, conceito que reside já no bom-senso natural e que mais precisa de ser esclarecido do que ensinado, este conceito que está sempre no cume da apreciação de todo o valor das nossas ações e que constitui a condição de todo o resto, vamos encarar o conceito do dever que contém em si o de boa vontade, posto que sob certas limitações e obstáculos subjetivos, limitações e obstáculos esses que, muito longe de ocultarem e tornarem irreconhecível a boa vontade, a fazem antes ressaltar por contraste e brilhar com luz mais clara (início de *Fundamentação da metafísica dos costumes*).

Friederich Hegel
(1770-1831)

A agudeza a que a filosofia nos conduz é que o mundo real é como devia ser – que o verdadeiramente bom – a divina razão universal – não é mera abstração, mas antes um princípio vital capaz de se autorrealizar. Este Bom, esta Razão, é, em sua forma mais concreta, Deus, que dirige o mundo. A ação real da sua direção – a execução do seu plano – é a história do mundo. A filosofia esforça-se por compreender este plano, porque só o que se tem desenrolado como seu efeito possui realidade *bona fide*. O que não está de acordo com ele é existência negativa e inútil. Perante a luz pura desta ideia divina – que não é mero ideal – desaparece por completo o fantasma de um mundo cujos acontecimentos são um curso incoerente, de circunstâncias fortuitas. A filosofia deseja descobrir o significado real, o lado verdadeiro da ideia divina, e justificar a tão desprezada realidade das coisas. Porque a razão é a compreensão da obra divina. Mas no que diz respeito à perversão, corrupção e ruína dos objetivos religiosos, éticos e morais, e dos estados da sociedade em geral, tem de se afirmar que estes, em sua essência, são infinitos e eternos, mas as formas que revestem podem ser de ordem limitada e consequentemente do acaso. São, portanto, perecíveis, e estão expostos à decadência e à corrupção.

Na história do mundo apenas podem atrair a nossa atenção os povos que constituem um estado. Porque é preciso compreender que este representa a realização da liberdade, isto é, do objetivo último e absoluto, e que existe apenas para a assegurar. Além disso deve-se compreender que tudo o que o ser humano tem de valioso, toda a realidade espiritual, ele o possui apenas por intermédio do Estado. Porque essa realidade espiritual consiste na própria essência do ser humano – a razão – estar objetivamente presente nele, ter para ele existência objetiva imediata. Só assim ele é plenamente consciente; só assim ele participa na moralidade – numa vida social e política justa e moral. Porque a verdade é a unidade da vontade universal e subjetiva.

F. Hegel

12
HEGEL: ASTÚCIAS DA RAZÃO E LIBERDADE

12.1 Introdução

Hegel quer narrar o apogeu da liberdade e da razão que, soberanas, conduzem a história. Ele distingue três modos de entender os fatos históricos: 1) história original escrita por testemunhas ou autores dos fatos como César; 2) a história refletida na qual, meditando sobre fatos passados, o filósofo tenta identificar o espírito e a visão de mundo de uma determinada época, como por exemplo a visão de mundo dos gregos e da idade cristã; 3) a filosofia da história como manifestação e o desenvolvimento do espírito, da razão, e da liberdade ao longo dos tempos.

É o terceiro modo que interessa especialmente a Hegel. A Razão é o Espírito que engloba todos os acontecimentos naturais e humanos; ele revela-se em cada povo, cultura e civilização; através destas diversidades singulares, o Espírito avança para uma meta que será o universal concreto, e absoluto. A filosofia da história acompanha e descreve este imenso processo; identifica a mentalidade, o espírito de cada nação, império e civilização para chegar ao "Espírito" uno e único, plenamente livre e realizado no Estado que é a plenitude do direito, da filosofia, ética, arte e religião.

12.2 Princípios da filosofia da história

Esta fantástica aventura do espírito de liberdade guia-se por alguns princípios básicos, sendo os principais os seguintes:

1) A essência do Espírito é a liberdade que se desenvolve e progride no processo histórico; com a história, progridem também as nações que, através da cultura, tomam consciência de sua liberdade, de se autoconstruir como povo criativo.

2) Uma nação encarna o Espírito por um tempo limitado, pois é finita e será ultrapassada (não destruída, mas assumida por uma mais avançada) pela fase seguinte, como aconteceu, por exemplo, na sucessão da cultura grega, romana e cristã na qual vivem as duas anteriores.

3) A "astúcia da razão" consiste no "uso" que ela faz das vaidades individuais. As paixões humanas, insignificantes face à grandiosidade da história, são usadas pela Razão, sem que as pessoas saibam, para promover o progresso do Espírito universal. Por exemplo, Napoleão foi um déspota tomado por ambições pessoais; a Razão, astutamente, serviu-se dele para desenvolver o Espírito universal, embutido nos princípios da Revolução Francesa.

4) A marcha da história é acelerada com o aparecimento de grandes homens como Moisés, Alexandre e César. Há um paralelismo flagrante entre os avanços do Espírito e as decisões individuais destes líderes que imaginaram e criaram novas civilizações.

5) Por último, o princípio fundamental da filosofia da história: a verdade e o espírito que, eternos, não habitam, porém, num mundo "sem tempo" ou fora deste nosso mundo temporal. Os princípios eternos são imanentes, estão aqui, atuando no nosso presente; sem passado nem futuro, eles somente são. Este Espírito, "eterno *nunc*", manifesta-se, sucessivamente, em cada civilização, como Espírito que anima o mundo. Assim, tivemos o espírito do mundo na forma da metafísica na Grécia, na forma jurídica em Roma e religiosa na Idade Média cristã. Portanto, as civilizações, em sucessão cronológica, são manifestações temporais do Espírito eterno e imanente nelas. O "deus" hegeliano evolui, revela-se, explicita-se no desenrolar dos acontecimentos mundiais. Por isso, na filosofia da história, tudo é presente, porque o Espírito não tem passado e futuro. As "fases" do Espírito

não são dele, mas da cronologia histórica: nele tudo é presente: *et aeternum nunc*.

12.3 Desdobramento dos princípios

Hegel entende as doutrinas de todos os tempos como uma reflexão sobre o processo do devir da verdade da filosofia, processo lento, confuso, mas constante. Segundo Hegel, a história da filosofia não é uma massa de dados, princípios e teorias, mas é uma ciência, e, por isso, um sistema: "a história da filosofia, considerada em seu conjunto, é um processo necessário, consequente, racional e determinado *a priori* pela Razão (Espírito)". Todas as filosofias são momentos, ensaios parciais de uma só filosofia, a da revelação do Espírito. Cada uma continua, de algum modo, nas teorias seguintes. As filosofias antigas são incipientes, pobres e abstratas. Enriquecem-se nas etapas posteriores; e a filosofia moderna é a mais desenvolvida e profunda: nela, o universal racional surge claramente com Descartes. Portanto, a aurora da Modernidade é o "cogito" cartesiano, ou seja, o momento em que a Razão se torna o novo lugar filosófico, que perpassa todos os progressos morais, religiosos, filosóficos, culturais e organização política. É daqui que emergem também as maneiras de filosofar de cada tempo até chegar a nossos dias (os de Hegel...).

12.4 Filosofia da história

Vejamos agora como os princípios se encarnam e agem nos acontecimentos históricos. Nas famosas *Lições sobre a filosofia da história universal* aparece em todo esplendor a tese central da "total racionalidade da história como plena manifestação do espírito universal, ou 'o espírito do mundo'; este engloba todas as manifestações da arte, religião, filosofia e direito, que são eternas dimensões do Espírito que dirige e anima todo o processo dos acontecimentos"; tudo obedece a um plano racional, "pois é a razão que governa o mundo". Cabe ao historiador trabalhar empiricamente e apresentar de maneira mais argumentada possível os fatos que aconteceram; o filosofo mostra que "O espírito se desenvolve neles; espírito divino imanente aos acontecimentos, como espírito e alma do mundo (*Weltgeist*)".

Este fundamento vivo da história não aparece ao senso comum que vê na história um conjunto de fatos contingentes, mutáveis e aleatórios que, portanto, não obedecem a nenhum plano racional; a história retrata o "espírito da miséria, dos conflitos, das disputas sem sentido: é o espírito de destruição e do mal. Hegel não nega esta constatação: mas, diz ele, esta constatação factual está longe do momento especulativo, o qual mostra que "o grande conteúdo da história universal é racional e espiritual". A filosofia é este momento.

Enfim, no "momento especulativo" entendemos que "o mundo é governado por uma vontade divina". Esta crença, diz Hegel, é de todos os tempos, desde a mitologia até o cristianismo que desenvolveu a doutrina da Providência que rege o mundo; ora, se a Providência não fosse a essência do homem e da natureza, seria uma essência que não é nada". Hegel zomba dos teólogos que se limitam a discutir uma providência transcendente ao mundo; ele se orgulha de seu sistema que revela o "Espírito imanente na história cósmica" e no espírito humano. Esta verdade, diz Hegel, coincide com um dos grandes dogmas do cristianismo, a encarnação do Verbo eterno que, ao tomar forma humana e histórica, uniu o céu e a terra, a eternidade e o tempo, a natureza divina e humana. O Verbo eterno feito carne deu sentido ao Antigo Testamento e revelou o supremo sentido da história.

Hegel não se considera intérprete oficial da Bíblia, mas, pelo seu sistema filosófico, criou condições para afirmar racionalmente a imanência e temporalidade do Espírito, do *Logos*, que, desde Heráclito, é tema obrigatório dos filósofos. Para Hegel, a transcendência é necessariamente imanente à história. Se não fosse assim, a transcendência seria uma mera abstração. Mas, para Hegel, a imanência do Espírito, no homem e nas coisas, nada mais é do que um processo de transcendência das etapas do amadurecimento da liberdade do Espírito.

12.5 A liberdade

Aqui chegamos ao ponto focal da filosofia da história como história da libertação e revelação do Espírito até tornar-se o espírito absoluto, único e verdadeiro; o Espírito "encarna-se" nas formas das leis do Estado sob o qual o cidadão terá perfeita liberdade: "a liberdade plena é a obediência à lei". Por isso, a essência do Espírito é a liberdade. Nas palavras de Hegel, "a história universal é o progresso da consciência da liberdade e o fim último do mundo é que o Espírito chegue à consciência de sua liberdade". E, mais adiante, remata: "a história universal é o desenvolvimento e explicitação do Espírito no tempo".

O "espírito do mundo" (*Weltgeist*) chega à plena consciência de si na e pela consciência humana da liberdade e no espírito político de cada povo (*volksgeist*). "O espírito de cada nação, em progresso gradual, forma os momentos do espírito universal, que, com o espírito de cada povo, forma uma única totalidade".

Portanto, o Espírito único vive na consciência das nações; assume formas religiosas, morais, jurídicas, culturais, políticas e artísticas. Cada povo tem seu modo próprio de viver estas qualidades humanas criativas, e, por isso, seu modo próprio de viver o Espírito.

Mas o espírito de cada povo não é eterno; ele tem sua hora de apogeu e decadência como mostram todas as civilizações passadas; porém não se extingue, não desaparece, mas dá origem a outro momento civilizatório no qual continua vivo. Cada um, então, é um momento da marcha do espírito universal eterno.

12.6 Astúcias da razão

Portanto, a plena realização da autoconsciência do espírito universal é também a plena realização da história do mundo. O espírito de um povo (*Volksgeist*) que constrói uma civilização é, por isso mesmo, portador do espírito universal (*Weltgeist*) que é a alma da história do mundo.

O espírito universal age e constrói as civilizações por meio das paixões, ambições, apetites de poder, riqueza e prazer dos homens. Para Hegel, as paixões "são o lado subjetivo da energia que impulsiona a história humana e nada de grande se fez no mundo sem paixão".

Portanto, como já dissemos, a astúcia da razão usa a liberdade dos indivíduos que, inconscientemente, realizam os desígnios e objetivos do espírito universal. Diz Hegel: "Os homens satisfazem seus interesses; porém, produzem algo mais que estava embutido no que fazem deliberadamente, mas não estava em sua consciência e nem nas suas intenções".

Portanto, cada um de nós é instrumento do espírito universal. Na história das nações, onde acontecem momentos fortes e de grandes transformações, são os raros momentos em que surgem personalidades excepcionais, dotadas de grande visão e ambição. Hegel exalta, por exemplo, Alexandre, César e Napoleão que "encarnaram momentaneamente o espírito universal". Estes são os "heróis" que "arrancaram de dentro de si o universal e o realizaram concretamente em seu tempo; este universal não foi inventado por eles; ele "é" desde toda a eternidade e se realizou através deles. Nós temos a compreensão externa e superficial que "aqueles homens parecem ter seguido só os seus impulsos, intuições e paixões, só o seu arbítrio; porém, o filósofo entende que de fato realizaram o universal". Seria inútil opor resistência porque a força interior de seus espíritos os impelia e os obrigava a criar novos acontecimentos civilizatórios.

Poderíamos ampliar a lista dos heróis hegelianos com o nome dos grandes navegadores e descobridores como Colombo, Vasco da Gama, Pedro Álvares Cabral, na nossa história. Nesta constelação figuram também os libertadores dos países coloniais como Dom Pedro I no Brasil e Gandhi na Índia, e os que lutaram pelos direitos civis como Luther King.

12.7 O Estado como fim da história

Sabemos que o fim último da história do mundo é a plena realização da liberdade do homem alcançada no interior da estrutura do Estado; aqui, a liberdade subjetiva se torna objetiva, positivamente realizada nos costumes, base da ética, e do direito. Numa palavra, "a essência do Estado é a vida moral que consiste na unificação e harmonia da vontade geral e da vontade subjetiva" sob a lei do Estado.

Portanto, sob as leis do Estado realiza-se o espírito de uma nação, e os indivíduos dentro dela agem não só movidos pela vontade própria, mas sobretudo pela vontade geral encarnada nas leis. No interior do Estado se realizam também as artes, a religião, a filosofia e o direito que são "as formas", quatro maneiras de manifestação do Espírito absoluto. Portanto, mesmo estas quatro maneiras supremas de se manifestar o Espírito absoluto ficam subordinadas ao Estado e só se realizam objetivamente na vida do povo.

Em síntese: a história é a marcha do Espírito em busca de sua plena manifestação que acontece no Estado como encarnação do espírito universal. Este não é algo vindo da eternidade para o tempo como encarnação do Verbo no Evangelho de João (1,1-10), mas é a vontade dos indivíduos racionais que se associam e criam a história. A vontade popular torna-se vontade geral que as instâncias burocráticas protegem e defendem segundo a lei. Neste sentido o Estado é a encarnação da vontade geral que nada mais é do que a vontade de um povo. O espírito particular das pessoas torna-se espírito universal. Então a história é a marcha do espírito para este momento supremo, da realização do espírito universal concreto.

Para chegar a este momento kairótico foram necessários milênios de história, de lutas, triunfos, catástrofes, ascensões e quedas pelas quais e com as quais o espírito foi avançando e conquistando a liberdade que se torna, no final, total e absoluta no Estado moderno. Então o espírito universal é latente nos costumes e hábitos de um povo; revela-se parcialmente nas grandes civilizações e torna-se plenamente manifesto na vontade geral encarnada no Estado moderno: é o momento supremo da liberdade.

Um dos momentos de plenitude do Espírito foi alcançado, por exemplo, na Revolução Francesa que proclamou a liberdade universal, bem como a igualdade; da união de ambas só pode resultar a fraternidade universal. Realiza-se também a moralidade que se identifica com a liberdade, igualdade e fraternidade; realiza-se a religiosidade laicizada, pois o espírito, imanente na história, avança com ela, vive nela, ou melhor, ele encarna a história como providência.

12.8 Uma marcha dialética

Por tudo isto, entende-se que a marcha do espírito não é fácil; é uma luta de vida e morte, pois, diz Hegel, "o espírito avança passando por cima de cadáveres". Hegel distingue três fases desta marcha dialética da liberdade. A primeira fase se passa no Oriente e representa o nascimento e infância da humanidade. Aqui a liberdade é latente; é só uma potencialidade. Diz Hegel: "os orientais "apenas sabiam" que as pessoas são livres"; é a época das monarquias absolutas e despóticas na China, Índia e Egito. Na segunda fase, Hegel inclui a civilização greco-romana. Aqui a liberdade entra na adolescência. Apesar do grande avanço da ética e da política, a liberdade não era para todos, mas apenas para os nobres que formavam a minoria e os outros eram "escravos por natureza". Hegel exalta a pujança do Império Romano, sua universalidade e sua capacidade legislativa: Roma criou o Direito, o maior legado que deixou para a humanidade, um bem imaterial. Em Roma o espírito universal manifestou-se pelo Direito como, na Grécia, pela metafísica. Mas Roma tinha escravos; o poder imperial ficou despótico e ruiu. Na terceira fase Hegel reúne a civilização cristiano-germânica, isto é, desde o advento do cristianismo até hoje. O cristianismo representou um avanço extraordinário do espírito universal dos povos: prega que "não é o indivíduo que é livre (poderia ser escravo), mas a essência, o espírito humano. Em outras palavras, o cristianismo prega a liberdade intrínseca ao homem. As condições históricas podem conduzi-lo à escravidão de fato, mas ele permanece livre em sua essência. Ele é liberdade, ainda que escravizada em tais ou tais situações históricas e temporárias. Por isso os seres humanos nascem livres do mesmo modo que nascem racionais, qualidades que são essência humana e que, a seu tempo, manifestar-se-ão irresistivelmente.

Porém, a consciência da liberdade humana do cristão levou séculos para converter-se em lei e constituição nos Estados. O mundo cristão, apesar da consciência da liberdade, conviveu com a escravidão. Um longo processo histórico foi necessário para que reconhecesse a liberdade como "espírito e vida" das populações todas. Mas o espírito universal avança irresistivelmente, passando pelo feudalismo, pela organização da Igreja Católica, até a chegada da Idade Moderna com o Iluminismo, a Revolução Francesa e a fase napoleônica. Neste período, Hegel destaca a Reforma Protestante. Exalta Lutero pela sua intransigente defesa da liberdade de consciência e da interioridade da fé cristã como religião de espírito: "o cristão adora em espírito e verdade". Lutero abriu aos cristãos o acesso à Bíblia, traduzindo-a para a língua alemã. Pregou também a livre compreensão dos textos sagrados, conforme pedia a interioridade de cada leitor.

Enfim, Hegel afirma que os povos germânicos foram os primeiros a reconhecer a interioridade humana como espírito universal que anima o devir da história. Mas coube à Revolução Francesa dar o primeiro formato a esta intuição.

Na época atual, se Hegel vivesse, diria talvez que o espírito tomou a forma da "Declaração dos Direitos Humanos" da ONU, de 1948. De fato, o primeiro artigo da declaração, síntese de todos os outros, repete o lema da Revolução Francesa.

Portanto, a história, aparentemente, parece ser um trágico devir cíclico no qual "a morte emana da vida e a vida nasce da morte". Noutra imagem forte, Hegel observa que as aparências mostram a vida da natureza como a "fênix mitológica que está perpetuamente preparando sua pira funerária e, consumida nela, renasce das cinzas para uma nova vida". Este é o discurso do senso comum, dos mitos e das aparências.

Ao contrário disto, para a filosofia, a história é a marcha do espírito que se autoconstrói, enriquecendo-se e explicitando-se continuamente; sem retornar às cinzas, "avança exaltada e glorificada, a cada fase sucessiva". Assim é a história do espírito humano que, como manifestação do Espírito, galga sempre novas etapas da autorrealização da liberdade.

A história universal começou no Oriente e termina no Ocidente. Os impérios da China, Índia e Pérsia fluíram para a glória e esplendor de Roma e acabaram no império germano-cristão. Esta migração do Espírito é também o caminho da consciência da liberdade. Foram os princípios cristãos, verdadeiramente universais, que libertaram o homem. Por conseguinte, segundo Hegel, a história universal divide-se em antes e depois de Cristo, não por um artifício do calendário feito por Dionísio Exíguo sob encomenda do papa, mas pela real marcha do Espírito que progrediu do Oriente para o Ocidente.

12.9 Conclusão

A primeira característica da *Filosofia da história* de Hegel é que as nações nascem, alcançam o apogeu e desaparecem, e de sua morte nasce dialeticamente uma nova realidade histórica. O pleno desenvolvimento de uma nação inclui também os germes da sua decadência; mas não retorna ao nada, ao puro passado; pelo contrário, sua morte é a semente de uma coisa nova, de um novo início que se realiza na história de uma nova nação.

Nesta fantástica dialética, a vida humana manifesta-se em variadíssimas formas, sempre em mutação: o crescimento do ser humano não tem limites; Hegel defende esta concepção em oposição à teoria das essências fixas que se estende de Platão, passando pela Era Cristã, até a modernidade cartesiana.

Outra característica da *Filosofia da história* de Hegel está em ter pensado e interpretado a religião cristã exclusivamente em termos de "razão especulativa" e reduzido a providência criadora à "astúcia da razão". Diz ele textualmente: "o processo evidenciado na história é apenas a manifestação, como razão humana, do princípio religioso sob a forma de liberdade temporal. A discórdia entre a vida espiritual da alma e o mundo exterior desaparece. Todos os sacrifícios que, ao longo dos tempos, foram colocados no altar da terra se justificam por este objetivo final: a revelação do Espírito absoluto na história". Por isso, a história do mundo é, para Hegel, a justificativa de Deus na história.

Na linguagem de hoje, diríamos que Hegel laicizou a mensagem bíblica sob a figura do "Espírito absoluto realizado no Estado de Direito". Assim, a história do Espírito se realiza no mundo. Hegel dispensa a escatologia cristã. Para ele "a história do mundo é o tribunal do mundo".

É impressionante considerar que, apenas um século e meio atrás, Hegel, apesar de sua estupenda visão universal, fixou-se na velha Europa Mediterrânea. Ali desembarcou e se fixou o "Espírito absoluto". Hegel, em 1820, não tinha condições de prever, nem na sua fértil imaginação, como seria o futuro das Américas, às quais dedica apenas alguns tópicos pouco elogiosos. Eram povos desconhecidos e pouco promissores. Outra observação nesta direção é que Hegel morreu (1830) quando apenas despontavam os sinais da extraordinária Revolução Industrial; nem podia imaginar qual seria o triunfo da ciência e da tecnologia. Como é que ele veria o mundo hoje na era das comunicações globais e instantâneas? Talvez diria que o Espírito, que no passado se revelou como Metafísica, Direito e Teologia, agora aparece sob forma de ciência e técnica.

Marx, que tinha 12 anos quando Hegel morreu, viu o início do mundo industrial que produziu uma fantástica transformação da vida das pessoas, dos povos e da natureza. Ele serviu-se da dialética hegeliana para ler os novos tempos. Usou a riquíssima mobilidade da filosofia abstrata de Hegel e aplicou-a aos conflitos sociais e econômicos de sua época. Tal como Aristóteles que trouxe para o mundo natural as concepções ideais de Platão, Karl Marx aplicou a imaginosa dialética de Hegel às contradições do capitalismo emergente; interpretou a figura hegeliana da dialética do mestre e do escravo à luz das lutas sangrentas dos operários das primeiras indústrias europeias. Marx não escreveu uma filosofia da história global como Hegel, mas fez a filosofia da história social de seu tempo. Hegel e Marx, ainda hoje, podem oferecer linhas de reflexão filosófica e histórica sobre os inícios do século XXI.

LEITURA DE TEXTOS DE HEGEL
(Extraídos de *A razão na história*, col. 70)

a) Deus na história

Portanto, a agudeza a que a filosofia nos conduz é que o mundo real é como devia ser – que o verdadeiramente bom – a divina razão universal – não é mera abstração, mas antes um princípio vital capaz de se autorrealizar. Este Bom, esta Razão, é, na sua forma mais concreta, Deus, que dirige o mundo. A ação real da sua direção – a execução do seu plano – é a história do mundo. A filosofia esforça-se por compreender este plano, porque só o que se tem desenrolado como seu efeito possui realidade *bona fide*. O que não está de acordo com ele é existência negativa e inútil. Perante a luz pura desta ideia divina – que não é mero ideal – desaparece por completo o fantasma de um mundo cujos acontecimentos são um curso incoerente, de circunstâncias fortuitas. A filosofia deseja descobrir o significado real, o lado verdadeiro da ideia divina, e justificar a tão desprezada realidade das coisas. Porque a razão é a compreensão da obra divina. Mas no que diz respeito à perversão, corrupção e ruína dos objetivos religiosos, éticos e morais, e dos estados da sociedade em geral, tem de se afirmar que estes, em sua essência, são infinitos e eternos, mas as formas que revestem podem ser de ordem limitada e consequentemente do acaso. São, portanto, perecíveis, e estão expostos à decadência e à corrupção.

b) Estado e liberdade

Na história do mundo apenas podem atrair a nossa atenção os povos que constituem um estado. Porque é preciso compreender que este representa a realização da liberdade, isto é, do objetivo último e absoluto, e que existe apenas para a assegurar. Além disso deve-se compreender que tudo o que o ser humano tem de valioso, toda a realidade espiritual, ele o possui apenas por intermédio do Estado. Porque essa realidade espiritual consiste na própria essência do ser humano – a razão – estar objetivamente presente nele, ter para ele existência objetiva imediata. Só assim ele é plenamente consciente; só assim ele participa na moralidade – numa vida social e política justa e moral. Porque a verdade é a unidade da vontade universal e subjetiva. E o universal encontra-se no Estado, nas suas leis, nas suas disposições universais e racionais. O Estado é a ideia divina, como ela existe na terra. Nele temos, portanto, o objetivo da história de forma mais definida que antes: a forma em que a liberdade alcança objetividade e vive na satisfação desta objetividade. Porque a lei é a objetividade do Espírito; a vontade na sua forma verdadeira. Apenas o querer que obedece à lei é livre; porque obedece a si mesmo – é independente e, portanto, livre. Quando o Estado ou o nosso país constitui uma comunidade de existência, quando o querer subjetivo do homem se submete às leis, desaparece a contradição entre a liberdade e a necessidade. O racional tem existência necessária na medida em que é realidade e substância das coisas, e temos a liberdade de o reconhecer como lei e de o seguir como substância do nosso próprio ser. O querer objetivo e o subjetivo então se reconciliam e apresentam um todo idêntico e homogêneo.

Resumindo o que se disse acerca do Estado, vemos que fomos levados a chamar ao seu princípio vital, enquanto move os indivíduos que o compõem – moralidade. O Estado, as suas leis, os seus planos, constituem os direitos dos seus membros; as suas características naturais, as suas montanhas, ar e águas, são o *seu* país, a sua pátria, a sua propriedade material externa; a história deste Estado, os *seus* feitos; o que os seus antepassados realizaram pertence-lhes e vive na sua memória. Tudo é propriedade deles, exatamente como eles são possuídos por tudo isso, porque isso constitui a sua existência, o seu ser. A sua imaginação está ocupada pelas ideias assim apresentadas, ao mesmo tempo em que a adoção destas leis e de uma pátria assim condicionada é a expressão do seu querer. É esta totalidade amadurecida que assim constitui um ser, o espírito de *um* povo. Os membros individuais pertencem-lhe: cada unidade é filho da sua nação, e ao mesmo tempo – à medida que o Estado a que pertence evolui – é Filho da sua época. Nenhum fica excluído, e ainda menos avança para além dela. Este ser espiritual (o espírito do seu tempo) é seu; é um representante dele; é aquilo em que é originado e no qual vive. Entre os atenienses a palavra Atenas tinha um sentido duplo, sugerindo em primeiro lugar um complexo de instituições políticas, mas não menos, em segundo lugar, a deusa que representava o espírito do povo e a sua unidade.

c) Espírito cósmico na história

Deve-se observar desde o início que o fenômeno que investigamos – história universal – pertence ao domínio do espírito. O termo "mundo" inclui tanto a natureza física como a psíquica. A natureza física também desempenha o seu papel na história do mundo, e importará ter em conta as relações naturais básicas assim implicadas. Mas o Espírito, bem como o curso do seu desenvolvimento, é o nosso objetivo essencial. A nossa tarefa não requer que contemplemos a natureza como um sistema racional em si mesmo – se bem que no seu próprio domínio prove sê-lo – mas simplesmente na sua relação com o Espírito. Na posição em que a observamos – a história universal – o Espírito manifesta-se na sua mais concreta realidade.

Basta um relance ao seu oposto direto – a matéria – para se poder compreender a natureza do Espírito. Tal como a essência da matéria é a gravidade, podemos assim afirmar, por sua vez, que a substância, a essência do Espírito, é a liberdade. Todos admitirão sem hesitar a teoria de que o Espírito, entre outras propriedades, também é dotado de liberdade. Mas a filosofia ensina que todas as qualidades do Espírito existem apenas através da liberdade; que todas elas não passam de meios para atingir a liberdade; e que é isto e apenas isto que procuram e produzem. Resulta da filosofia especulativa que a liberdade é a única verdade do Espírito.

A questão dos meios pelos quais a liberdade se desenvolve num mundo conduz-nos ao fenômeno da própria história. Embora a liberdade seja em princípio uma ideia incoativa, os meios que usa são externos e *fenomênicos* e oferecendo-se na história à nossa visão *sensível*.

d) Líderes da história

César, em perigo de perder uma posição não talvez de superioridade, mas pelo menos de igualdade com os outros que estavam à testa do Estado, em perigo de sucumbir aos que estavam exatamente à beira de se tornarem seus inimigos –, pertence essencialmente a esta categoria. Estes inimigos – que na altura prosseguiam os seus fins pessoais – tinham por seu lado a letra da constituição e o poder conferido por uma aparência de justiça. César lutava para manter a sua posição, honra e segurança; e, uma vez que o poder dos seus adversários incluía a soberania sobre as províncias do Império Romano, a vitória assegurava-lhe a conquista de todo esse império. E assim ele se tornou o autocrata do Estado.

Tais indivíduos não tinham consciência da ideia geral que desdobravam enquanto prosseguiam os objetivos deles; pelo contrário, eram homens práticos, políticos. Mas ao mesmo tempo eram homens de pensamento, com apreensão das necessidades da época – o que estava maduro para a colheita. Esta era a verdade autêntica para a sua época e para o seu mundo; a forma que devia seguir-se, por assim dizer, e que já estava engendrada no ventre do tempo. Cabia-lhes conhecer este princípio emergente: o passo necessário e imediatamente subsequente no progresso, que o seu mundo ia dar, e fazer deste passo seu objetivo e despender toda a energia em promovê-lo. As individualidades histórico-mundiais – os heróis de uma época – devem, portanto, ser reconhecidas como os seus filhos de mais ampla visão; as *suas* ações, as *suas* palavras, são as melhores desse momento. Os grandes homens conceberam os seus objetivos para se satisfazer a si mesmos, não a outros.

Os princípios das fases sucessivas do Espírito que anima as nações numa graduação obrigatória são, eles mesmos, simples passos no desenvolvimento de um espírito universal que através deles se eleva e completa numa *totalidade* que a si mesma se abrange.

Enquanto estamos assim exclusivamente interessados na ideia de espírito, e na história do mundo consideramos tudo apenas como manifestação dele, só que temos que ver, ao percorrer o passado – por extensos que sejam os seus períodos –, com o que é *presente*. Pois a filosofia, na medida em que se ocupa do verdadeiro, tem que ver com o *eternamente presente* (*aeternum nunc*). Nada no passado se acha perdido para ela, pois a ideia é onipresente. O espírito é imortal; para ele não há passado nem futuro, mas cresce um *agora* essencial. Isto implica necessariamente que a forma presente do espírito é e foi sempre essencialmente. As distinções são apenas o desenvolvimento desta natureza essencial. A vida do Espírito onipresente é um círculo de corporizações progressivas que, olhadas de um ângulo, existem junto umas das outras, e só quando consideradas sob outro ponto de vista surgem como passado. Os níveis que o Espírito parece ter deixado para trás, ainda os contém nas profundezas do seu presente.

e) Desenvolvimento do Espírito

O princípio do desenvolvimento envolve também a existência de um germe latente de ser – uma capacidade ou potencialidade que luta para se realizar. Esta concepção formal encontra existência real no Espírito, que tem por teatro a história do mundo, o seu domínio e campo de realização. Não é de natureza a ser sacudido de um lado para outro no jogo superficial dos acidentes. É antes o juiz absoluto das coisas, inteiramente indiferente a contingências, que, pelo contrário, ele adota e maneja para os seus próprios fins. O desenvolvimento, contudo, é também uma propriedade de objetos naturais organizados. A existência destes apresenta-se não como existência exclusivamente dependente, sujeita a transformação externa, mas sim como existência que se expande em virtude de um princípio interno imutável. Uma simples essência cuja existência, isto é, germe, é inicialmente simples, mas que desenvolve subsequentemente uma quantidade de partes diferentes que se envolvem com outros objetos, e vivem consequentemente através de um processo contínuo de transformações; um processo que, não obstante, resulta no próprio contrário de transformação e se torna mesmo uma *vis conservatrix* do princípio orgânico e da forma que o encarne. Assim o *individuum* organizado produz-se a si mesmo; expande-se *realmente*, no que foi sempre *potencialmente*. Desta forma o Espírito é apenas aquilo que atinge pelos seus próprios esforços; a si mesmo se faz na *realidade* aquilo que sempre foi *em potência*.

Karl Marx
(1818-1883)

Somos forçados a começar constatando que o primeiro pressuposto de toda a existência humana e, portanto, de toda a história, é que os homens devem estar em condições de viver para poder "fazer história". Mas, para viver, é preciso antes de tudo comer, beber, ter habitação, vestir-se e algumas coisas mais. O primeiro ato histórico, uma condição fundamental de toda a história, que ainda hoje, como há milhares de anos, deve ser cumprido todos os dias e todas as horas, simplesmente para manter os homens vivos.

"Nossas premissas são reais, são os indivíduos, suas ações e suas condições materiais de vida; são as condições que eles encontram quando nascem e também as que são produzidas pela sua ação; premissas verificáveis empiricamente."

O comunismo já é reconhecido como potência por todas as potências europeias.
Já é tempo de os comunistas exporem abertamente, ao mundo inteiro, seu modo de ver, seus objetivos, suas tendências, opondo à lenda do espectro do comunismo um manifesto do próprio partido.
K. Marx

13
Marx: FILOSOFIA DA HISTÓRIA SOCIAL
Nova humanidade

Marx não procura o fio condutor da história na providência laicizada de Vico, nem nos desígnios secretos da natureza e, menos ainda, nas astúcias da razão de Hegel, mas nos reais conflitos sociais ao longo dos séculos, até os dias de hoje, quando se trava a luta sem precedentes do trabalhador contra a dominação dos meios de produção nas mãos de poucos detentores do capital.

Segundo Marx, há cinco etapas ou épocas do desenvolvimento da história da humanidade: 1) O modo de produção primitivo, ocorrido na Ásia, consistia em fabricar instrumentos de ação produtiva, como o arco, a flecha e a pedra; 2) Época da Antiguidade remota, a idade do metal, onde vigoram a escravidão até os gregos e o Império Romano; 3) Em terceiro lugar, a época feudal baseada na agricultura na qual o principal instrumento de trabalho é o arado puxado por servos ou animais, e o tear, com o qual o homem tecia suas roupas; 4) Início da era industrial, que produziu enorme variedade de instrumentos de produção representados pelas máquinas; daqui nasce a sociedade capitalista que acumula em poucas mãos os meios de produção, gerando miséria e escravidão segundo a variação dos meios de produção e as condições de vida dos povos; 5) Finalmente, a quinta época, representada pela derrocada do capital e o nascimento da nova história da humanidade sem divisão de classes sociais. Portanto, a quinta etapa da história, para Marx, inaugura a plenitude da liberdade e igualdade entre os homens. Este é o sentido do *Manifesto comunista*: o começo da nova humanidade socializada; "é o retorno completo do homem a si mesmo, como ser social (cidadão), isto é, humano; é o momento da verdadeira "supressão" (*Auflösung*) da luta do homem contra o homem, da liberdade contra a necessidade, do indivíduo contra a espécie" (*Manuscritos econômicos e filosóficos*).

13.1 Desdobramento da tese

Portanto, a filosofia da história de Marx tem como ponto de partida a produção de bens. É isto que a humanidade sempre fez, de modo sempre novo, até a sofisticada produção do mundo contemporâneo. O trabalhador é, neste processo, a figura central, e não o capital e nem seu detentor.

Para realizar seu intento Marx inverte a teoria de Hegel. Substituiu o Espírito abstrato pela evolução da natureza e da vida da humanidade. Diz ele, na *Ideologia alemã*: "nossas premissas são reais, são os indivíduos, suas ações e suas condições materiais de vida; são as condições que eles encontram quando nascem e também as que são produzidas pela sua ação; premissas verificáveis empiricamente".

Em seguida, Marx elenca as principais: 1) "a primeira premissa de toda a história humana é, evidentemente, a existência de indivíduos vivos". A presença física das pessoas inclui o conjunto de relações que elas criam com a natureza inteira. 2) A segunda premissa refere-se à produção dos meios de subsistência do homem. Exigência absoluta de suas necessidades biológicas é garantir a vida material. Marx observa que, no passado, a filosofia ensinou a distinguir o homem dos outros animais pela consciência de si e a capacidade de entender o mundo. Os teólogos nos ensinaram que a dignidade humana se reconhece pela sua capacidade de crer na existência de Deus. Para Marx, porém, a verdade é que os homens começam realmente a distinguir-se dos animais quando iniciam a produzir seus meios de subsistência: "este é o modo de existir e de viver do homem". 3) Tudo isto nos leva à terceira e essencial premissa: "a concepção da história funda-se na evolução do processo de produção que garante nossa subsistência". 4) A quarta decorre da anterior: "o modo de produção nos leva a entender a sociedade civil que é a base de toda a história". 5) Finalmente, a quinta premissa é, talvez, o momento mais original da concepção marxiana da história: os meios de produção são a base de toda a concepção teórica do homem; os meios de produção geram as várias formas de consciência, as religiões, as filosofias, o direito, as concepções éticas e as teorias políticas. São todas superestruturas mentais geradas pela estrutura de produção. Portanto, a teoria de Marx da história "não explica a prática a partir da ideia (Hegel), mas explica a formação das ideias a partir da prática material"; por isso todas as formas de consciência, as teorias todas serão destruídas não pela crítica intelectual, pela argumentação filosófica ou religiosa, mas "somente pela transformação prática das relações sociais da sociedade e dos meios de produção que lhes deram origem". Mudando a estrutura de produção, mudam as superestruturas teóricas.

Segundo Marx, todas as concepções passadas da história "negligenciaram esta base real da história, ou a trataram como um problema secundário e sem conexão com o processo histórico". A consequência deste erro é a separação da relação do homem com a natureza. A história seria só do homem, das guerras políticas, das guerras da religião, dos conflitos das teorias filosóficas e das disputas entre indivíduos. A consequência extrema desta separação é a filosofia hegeliana da história que "se move no âmbito do espírito puro", fora do mundo real.

Sem dúvida, estas premissas, que pela primeira vez aparecem na história do pensamento, causam impacto e suscitam polêmicas. Com muita clareza e determinação, a obra de Marx quer mostrar que "a produção de ideias, das concepções filosóficas e da consciência encontra-se estreitamente ligada ao agir material e ao intercâmbio material (compra e venda). Portanto, nossa compreensão do mundo real não desce do céu para a terra, mas sobe da terra para o céu"; "não é a consciência que determina a vida, mas a vida que determina a consciência", conclui.

13.2 Aplicação destas premissas à vida real da sociedade

Por estas teses básicas Marx consolida a posição de que "a existência humana é um conjunto de relações sociais; o homem é feito de suas circunstâncias vividas cotidianamente; é assim que Marx entende a historicidade do homem no conjunto de todo o processo do acontecer da natureza e da história, feita de lutas, conflitos e dominação de um grupo sobre o outro.

Por esta ótica Marx entende a formação das classes dominantes que detêm os meios de produção material e também os meios de produção espiritual que submetem todos aqueles que não têm acesso a estas ferramentas; determinam toda uma época histórica; a classe dominante faz não só a divisão do trabalho material, mas também o espiritual; isto é, gera seus ideólogos e teóricos e também os que manipulam os meios de produção.

Segundo Marx, a única forma de derrubar a situação de dominação é a revolução. A classe que liderar este movimento o faz não como classe, mas liderando toda a sociedade; é a massa ou toda a sociedade opondo-se à única classe dominante; é a vitória do interesse comum sobre o exclusivismo de uma classe.

Esta é a dinâmica e a dialética da história na concepção marxista. É uma marcha que deverá chegar a uma meta, a um fim: a vitória da classe dominada, o proletariado. É, portanto, uma filosofia da história teleológica, finalizada: para esta meta caminha o desenvolvimento da sociedade.

No *Manifesto comunista* Marx escreve: "A burguesia forjou as armas, que a levarão à morte; e também formou os homens, que empunharão as armas: os trabalhadores modernos, os proletários". Isto quer dizer que na medida em que se desenvolve o capital, desenvolve-se também o proletariado, e a consciência da dominação e a certeza da reação vitoriosa dos oprimidos.

Por enquanto, os trabalhadores devem vender-se, vender suas forças como mercadoria para ganhar, em troca, apenas a subsistência. Nesta fase, eles lutam individualmente como massa dispersa. Mas com o crescimento das indústrias, o proletariado não só cresce em número, mas também em consciência coletiva de sua condição. Daí surgem grupos, coligações, partidos políticos, coesos, conscientes não só de suas necessidades materiais imediatas, mas, sobretudo, conscientes de seus direitos usurpados pelo poder dominante. A consciência política crescente os levará a tornar-se senhores das forças produtivas e criar, finalmente, a sociedade humanizada, onde cada qual é reconhecido como igual, sem classes opressoras e oprimidas. É a meta da história.

Marx acredita que o processo da história humana chegará inevitavelmente a este sucesso; sustenta que, com a mesma fatalidade das leis que regem a natureza, a sociedade chegará à meta da socialização. Isto porque acredita que o capital gera sua própria destruição e prepara o triunfo do proletariado; este resultado "não se obtém com exortações morais, mas por um longo processo de formação política dos oprimidos e lutas sociais pelos direitos iguais onde o homem retorna à sua plenitude, consciente de si, como homem social ou como homem humanizado".

Quando acontecer isto, "então a velha sociedade burguesa, com divisões de classes, será substituída por uma associação na qual o livre desenvolvimento de cada um será a condição para o livre desenvolvimento de todos".

13.3 Dialética, a lei da história

Marx e Engels sustentam, na *Ideologia alemã*, que só existe uma ciência: a ciência da história. E a lei fundamental desta ciência é a dialética. Esta é talvez a mais importante ideia que Marx herdou de Hegel, como disse Lenin quando escreve: "Marx não se fixou no materialismo utópico do século XVIII, mas aprofundou sua filosofia, enriquecendo-a com as conquistas da filosofia clássica alemã, sobretudo com o sistema de Hegel. A principal conquista foi a dialética, a doutrina do desenvolvimento em sua mais plena e profunda acepção".

Porém Marx habilmente inverte a dialética hegeliana. Ele diz no prefácio de *O capital*: "para Hegel, o processo do pensamento, a ideia, é o demiurgo da realidade"; como o demiurgo platônico, a ideia hegeliana produz todos os fenômenos reais da natureza; ao contrário, diz Marx: "para mim as ideias são a coisa material captada pelo cérebro dos homens": a simples fotografia do real guardada na mente humana.

Para Marx, o processo mental não passa de uma mistificação. Este equívoco, prossegue ele, "em nada impede que Hegel tenha sido o primeiro pensador a expor de modo amplo e consistente as leis gerais da dialética. Por isso, Marx começa esquecendo o ponto de partida hegeliano que é o salto da ideia para a natureza. Ele parte da natureza e, auxiliado pela dialética hegeliana, entende o processo dinâmico da natureza e da história humana, passada e presente: a história como processo vivo, por natureza, conflitivo e "síntese de opostos".

Cabe ao presente momento da história, diz ele, entender o conflito entre as forças de produção capitalista e a classe trabalhadora oprimida para que cheguemos à síntese final da "sociedade sem classes e da humanidade socializada".

13.4 Nova revolução copernicana

Pelo acima exposto, entende-se que Marx é um pensador eminentemente crítico; em primeiro lugar, crítico da filosofia de seu tempo, com especial ênfase no idealismo hegeliano e no dogmatismo metafísico dos clássicos; em segundo lugar, crítico da política, da economia, da religião e da organização social do século XIX; crítica que implica construir algo novo, uma nova humanidade.

Marx passou para a história do pensamento como o criador do materialismo dialético e histórico que implicam a transformação da filosofia e da sociedade: propõe uma "nova revolução copernicana" ao afirmar que "não é a consciência que forma as ideias, mas são as situações reais da vida que formam a consciência religiosa, política, econômica. Na ordem social propõe a passagem da sociedade capitalista para uma sociedade socialista. "Enfim [diz ele], os filósofos até agora interpretaram o mundo; a nós cabe transformá-lo". Sobretudo, transformar a sociedade. No discurso fúnebre diante do túmulo de Marx, seu amigo Engels assim resumiu sua vida: "Marx era homem de ciência, mas de uma ciência como força motriz da história, sobretudo da emancipação do proletariado, ao qual, pela primeira vez, ele infundiu a consciência das condições de sua emancipação: esta era a verdadeira missão de sua vida".

13.5 A alienação do espírito e do homem

Concretamente, Marx foi o grande crítico das alienações de seu tempo. Hegel fez a teoria da alienação, Marx praticou-a. A categoria da alienação hegeliana é transposta por Marx para o campo social sem nada perder de seu dinamismo, de sua seiva. Vejamos como isto aconteceu.

Para Hegel, a alienação é "o momento dialético da diferença". Isto significa o seguinte: a consciência ou o espírito projeta-se para fora de si, no mundo natural e no homem; portanto, a alienação é o salto do espírito para o mundo, do espírito para a substância humana; ou a alienação é a exteriorização do espírito que passa a ser a substância real do sujeito humano; somos o espírito exteriorizado, existente em carne e osso. É a famosa *Entauserung* ou exteriorização do espírito na natureza e na natureza humana. Para Hegel, com o homem, como espírito encarnado, começa o processo histórico pelo qual o espírito marcha para a sua liberdade plena e absoluta concretizada no Estado. Ao longo do processo dialético da história, o espírito aliena-se, exterioriza-se nas etapas seguintes: assim, o espírito metafísico grego aliena-se, exterioriza-se, no espírito jurídico romano, este no espírito religioso cristão etc.

Portanto, em Hegel, a categoria da alienação é pedra fundamental com sentido muito positivo: é o motor da história do espírito no mundo. Esta é a metafísica da história.

Vejamos, agora, como Marx inverte este processo. Para ele, a alienação nada tem a ver com o espírito nem com sua evolução histórica: a alienação é algo muito negativo, é um mal que atinge o homem real, da vida cotidiana. Na realidade, o homem vive situações em que se sente perdido, fora de suas verdadeiras condições, alienado. Portanto, se em Hegel a alienação faz avançar, em Marx ela é um retrocesso. Na alienação marxiana o homem não adquire novos conteúdos, mas perde seu rumo e sentido. Em Hegel, pela alienação, o espírito objetiva-se, determina-se sempre mais, até a liberdade absoluta; em Marx, a alienação é negação da liberdade, da autonomia, da consciência de si. As alienações humanas, rigorosamente denunciadas por Marx, são múltiplas: jurídicas, políticas, religiosas, econômicas, filosóficas. São estas que causam todo o mal-estar do homem moderno. Por isso é preciso libertar o homem de todas as alienações para que ele se encontre como cidadão livre, senhor de si numa humanidade socializada. Há que destruir as alienações que dominaram o homem moderno: para criar estruturas novas nas quais o homem e a sociedade possam realizar-se plenamente. Portanto, para Marx, a dialética não é um processo do espírito, mas é a luta das classes oprimidas para construir uma nova sociedade. É a dialética de Hegel concretizada nas lutas sociais.

13.6 Algumas alienações

13.6.1 Alienação religiosa

Por que existe religião? Como se explica a existência de um mundo superior, habitado por divindades e lugar de felicidade para o homem? Como entender que o fenômeno religioso existiu em todos os tempos? A resposta de Marx cabe numa frase simples e curta: "porque em todos os tempos existiram homens alienados". Sim, a religião é a primeira e mais profunda alienação. Vejamos a explicação de Marx: os conflitos e sofrimentos humanos "levam a sociedade a afastar-se de si mesma e construir um reino especial nas nuvens". Não se trata de um mundo superior e outro inferior como nas filosofias platônicas; muito mais profundamente, trata-se do homem separado de si mesmo que entrega seu ser, seu espírito a um deus imaginário que o alivia dos sofrimentos que a vida social real lhe inflige. Isto é, como a sociedade de classes antagônicas impede as pessoas a realizar suas aspirações mais profundas, elas invocam o auxílio das forças celestes. Marx está convicto de que é um equívoco perder tempo na refutação da religião. O decisivamente importante é a luta pelas transformações sociais e as condições da vida material das pessoas e comunidades. Pois são estas condições matérias desumanas que alimentam as "quimeras celestiais" e produzem os sentimentos religiosos. Em outros termos, é o homem e a sociedade que criam a religião: a miséria social cria "a necessidade de procurar a riqueza espiritual em outro mundo". Por isso, conclui Marx, "a religião é o ópio do povo", é o álibi ao sofrimento; e arremata: "antes de criticar o céu, importa criticar a terra; antes de criticar a religião há que criticar o direito, e antes de criticar a teologia há que criticar a política".

13.6.2 *Alienação do trabalho*

A alienação do trabalho esvazia o ser humano: mata a alma. Vejamos como. Alienação vem do verbo alienar, do latim *alienare*, que significa vender. Vendemos uma casa, um automóvel. Alienamos estes objetos, os afastamos de nós. Assim também o operário vende. Mas não vende um objeto distinto de si, vende seu trabalho. Ora, na bela expressão de Marx, "o trabalho é o homem exteriorizado no objeto construído", uma casa, uma mesa. Ali está externalizada sua alma. Portanto, vendendo seu trabalho, o homem vende a si, o trabalhador "vende-se ao proprietário" para poder comer; "quanto mais produz, mais escravo ele fica". Portanto, o trabalhador é uma existência vendida, alienada, entregue aos dominantes em troca de comida.

13.6.3 *Alienação do Estado*

A alienação do Estado começa quando se torna Estado religioso. O Estado que professa uma religião é uma espécie de pré-estado, um arremedo de Estado. Para Marx, a forma correta e moderna é "o Estado ateu, democrático, que coloca a religião entre as práticas da sociedade burguesa". Em *A questão judaica* critica "a religião que se tornou estado cristão". Este estado na realidade torna-se um meio, um instrumento de fé: é um estado hipócrita que declara a religião como seu fundamento. Em termos atuais, Marx denuncia a confusão entre público e privado. A religião – comunidade particular de fé – torna-se pública, universal quando se torna religião do Estado. Para Marx, o indivíduo é cidadão quando obedece à lei pública e válida para todos, mas é pessoa privada quando pertence a uma estrutura familiar ou professa uma religião ou é membro de uma associação.

Marx entende que o cristianismo, por princípio, sempre subordinou o Estado à fé desde Constantino. Hegel, na *Filosofia do direito*, aboliu esta subordinação em nome do Estado. Mas, diz Marx, Hegel converteu a razão em razão divina, ao ver no Estado a racionalidade universal e absoluta. Todas as outras formas de associação como a família e a sociedade civil são apenas entidades inferiores e subordinadas à "Divina Razão que é o Estado hegeliano". Ora, para Marx este Estado, como Razão absoluta, é uma quimera, um mundo ideal no qual as relações reais do mundo natural são apenas manifestação externa do mundo racional, abstrato, espiritual.

Por isso, o Estado hegeliano é idealista, uma essência abstrata. Este estado soberano impede a realização da consciência da sociedade real. Pelo contrário, o soberano torna-se a consciência geral do povo.

Contra todas estas alienações Marx lutou a vida inteira, mas tendo sempre presente a tese norteadora de toda a ação política: construir uma sociedade, uma humanidade nova.

13.7 As teses sobre Feuerbach

Tudo o que dissemos anteriormente está concentrado neste folheto que contém 11 afirmações. Aqui o pensamento de Marx revela-se todo inteiro, mas em síntese. De fato as *Teses sobre Feuerbach*, escritas em 1845, resumem os escritos imediatamente anteriores, os *Manuscritos* de 1844 e a *Ideologia alemã*. São 11 apontamentos que, provavelmente, Marx pensava convertê-los num livro. Engels publicou-os somente em 1888.

Talvez o conceito mais importante das teses é a "doutrina da práxis", a qual estabelece que a ação humana é sempre sensível, prática, operativa e transformadora. Assim, a filosofia socialista deixará o universo das abstrações das ideias e passará a ser atividade prática, transformadora, das realidades terrestres. "Neste sentido, a primeira tese de Marx denuncia toda a filosofia do passado como alienação, uma fuga para o mundo das nuvens. Hegel e Feuerbach são pensadores deste tipo. Este último, porém, reconhece a realidade do mundo das coisas sensíveis, mas apenas como "objeto de contemplação" e não como objeto da atividade sensível e prática do homem; na realidade, Feuerbach segue sendo um filósofo da abstração, no entender de Marx.

Para Marx, as coisas reais não são apenas os objetos que estão em frente do sujeito, mas também "a atividade prática". Isto é, sujeito e objeto são inseparáveis e sempre trabalhados pela atividade humana sensível (e não abstrata). Portanto, para Marx a teoria do real é sempre prática. Ou seja, a verdadeira realidade é "a teoria na ação e ação conforme a teoria do real". Em síntese, é preciso abandonar a filosofia como contemplação do mundo para instaurar a filosofia da ação transformadora do mundo ou "a teoria crítica do mundo". Então esta primeira tese corresponde exatamente à décima primeira e última.

A segunda tese é sequência da primeira. A verdade teórica precisa sempre ser comprovada na prática, como fazem os cientistas na física, na química e biologia. Para ser verdadeiro, o pensamento deve dar provas de sua eficácia no mundo real. Eram os escolásticos medievais que discutiam a realidade ou não das ideias, do pensamento abstrato. Defendiam suas posições apelando para o realismo do mundo das ideias de Platão ou para as teorias aristotélicas do conhecimento. Marx ironiza em meia frase este antigo debate: "disputar sobre a realidade de um pensamento isolado da práxis é uma questão puramente escolástica", isto é, inútil e ridícula.

A terceira tese mostra a insuficiência da antiga teoria segundo a qual "são as circunstâncias que produzem e formam o homem". Esta teoria foi amplamente debatida pelos estoicos que subordinavam o homem ao determinismo férreo da natureza. Nada restava a fazer, senão submeter-se ao Destino e conformar-se. Por sua vez, Marx afirma que "são precisamente os homens que transformam as circunstâncias". Eles, pela práxis, modificam as coisas e o curso da história: eles se libertam até dos deuses e do Destino.

A quarta tese trata da alienação religiosa como Feuerbach a entendeu. Muito antes de Freud, o pensador alemão considerou a religião como uma fuga para o mundo de deuses e espíritos. O que Feuerbach fez foi dissolver este mundo celestial e trazê-lo para a condição terrestre dos sentimentos humanos. Marx vai além e mostra a insuficiência da posição de Feuerbach. Pois, se o homem se aliena de si e do mundo para refugiar-se no mundo religioso, certamente tem motivações profundas para tomar este caminho; Marx as encontra na exploração do homem relegado a um mundo miserável sem condições sociais dignas. Por isso, para Marx, a superestrutura religiosa tem suas raízes na alienação social e econômica. Isto significa que de nada adianta provar teoricamente a ilusão religiosa se não combatemos primeiramente suas causas sociais.

A quinta tese reforça a quarta e completa a primeira. Marx reconhece que Feuerbach criticou o "pensamento abstrato", metafísico. Porém substituiu-o pela "intuição sensível". Ora, a intuição ainda age no mundo abstrato, subjetivo. Como diz o termo, intuição (*Anchaung*) é um olhar, uma contemplação subjetiva. Com isto, Feuerbach ficou no meio do caminho entre o mundo ideal e real. Não entendeu que a primeira atitude face ao mundo é a "atividade sensível e a prática transformadora".

A sexta tese é central, pois nela Marx define seu modo de entender a existência humana. A metafísica clássica definia o homem como uma essência composta de gênero e diferenças específicas: o homem é animal racional. Ora, diz Marx, esta é uma abstração. Este conceito existe apenas na mente do filósofo; esquece que o homem é diferente, é uma existência, realidade vivente, "é um conjunto de relações sociais". Esta será para a fenomenologia do século XX a melhor definição do ser humano: "um feixe de relações"; somos feitos de relações biológicas, familiares, sociais, econômicas e culturais. O homem é um acontecer histórico, evolutivo e não uma entidade metafísica (essência), dada por inteiro desde a concepção. Ortega y Gasset, na esteira de Marx, definia o homem como "eu e minhas circunstâncias" ou o conjunto das relações que eu construo, positivas ou negativas. Neste sentido deve ser entendida a tese, na qual Marx sustenta "que o próprio sentimento religioso é um produto social "que emerge das nossas relações com os outros".

13.7.1 Sociedade civil (burguesa) e o novo socialismo (humanidade socializada)

Nas últimas quatro teses Marx amplia esta definição. Na oitava, sustenta que o homem se constitui, constrói a si mesmo na vida social através da práxis ou atividade humana crítica. A vida social nada mais é do que a constante relação do homem com a natureza, o mundo das coisas e a relação que mantém com as outras pessoas, no espaço social. Quando o homem esquece esta sua "condição mundana" perde-se nas abstrações religiosas e filosóficas.

A nona tese retorna a Feuerbach, que criticou o abstracionismo contemplativo de Hegel, mas substituiu-o pela intuição sensível como vimos atrás. Aqui, Marx atrela o socialismo teórico e contemplativo à sociedade burguesa. É uma sociedade feita de indivíduos, de moradas humanas isoladas que mantém entre si apenas relações abstratas; na sociedade burguesa cada um quer bastar-se a si mesmo sem precisar dos outros. O que liga estas individualidades é a constituição feita pelo legislador que procura compatibilizar as liberdades individuais. Então, a burguesia é a sociedade civil, feita de pessoas que vieram à civilização submetendo sua liberdade a uma lei que lhes garante vida e proteção. Por isso é uma sociedade individualista que tem sua expressão máxima no capital e na posse individual dos meios de produção. Esta é a sociedade que é preciso transformar. É a sociedade entendida por Rousseau e Hobbes, na qual os indivíduos isolados querem apenas a proteção da lei sem pensar em outras dimensões. A burguesia se satisfaz com a sociedade civil, legalizada e protecionista dos indivíduos.

A décima tese tira a conclusão geral de toda a argumentação, especialmente das últimas quatro teses. Contrariando o velho socialismo da sociedade civil, o novo concebe a relação com o mundo como atividade prática do homem, que pela sua ação transforma a sociedade e a natureza. É o socialismo de transformação social. É pela atuação prática que se constrói a "nova sociedade humana ou a humanidade socializada", onde a lei civil cede lugar às relações sociais; a lei externa contará pouco e muito a lei das relações entre cidadãos, onde a coesão é garantida pelo mútuo reconhecimento. Enfim, na sociedade civil burguesa, os homens estão ligados entre si apenas pela lei ou constituição; na nova sociedade os homens ligam-se pela cooperação transformadora e criativa do novo mundo da existência social.

A décima primeira tese resume tudo: não basta mais meditar e contemplar o mundo como fizeram todas as metafísicas; agora há que transformá-lo pela práxis, pela atividade prática do homem que faz a filosofia da condição humana para transformá-la; faz a ciência do mundo físico, biológico e químico, agora à disposição de toda a sociedade graças à ação prática e coletiva dos cidadãos. O leitor encontrará no fim do capítulo a íntegra das onze teses aqui comentadas.

13.8 Síntese: o conhecimento crítico

Refletindo sobre as "teses", vimos que no centro do pensamento de Marx está a dialética como fundamento dinâmico da natureza e da história; dialético é também o pensamento humano: a ética, a política e a economia. Ela é a lei e primeiro princípio do movimento da natureza e da história, a ciência primeira.

Para Marx, a dialética não é teórica, abstrata, mas atividade humana, prática, sensível e transformadora da natureza e da história, conforme explica nas teses primeira e quinta do texto das teses que acabamos de analisar. Portanto, a verdade não é teórica, lógica como em toda a tradição filosófica desde os gregos, mas prática; fazemos a verdade com nossas mãos, não com o pensamento".

A filosofia inventou categorias imutáveis que não existem porque todas as formas de conhecimento "dependem da práxis humana mergulhada em relações sociais, políticas e econômicas, que são realidades em contínua transformação".

Portanto, todo conhecimento é reflexo da prática humana cotidiana; "é na prática que o homem demonstra a verdade", diz Marx na tese segunda acima comentada. Em síntese, a verdadeira ciência está no "conhecimento crítico", sempre em desenvolvimento, sempre se refazendo. Isto significa que, na filosofia de Marx, não há lugar para "verdades eternas", princípios absolutos e regras morais definitivas. Enfim, o grande aparato metafísico da tradição filosófica nada mais é que um reflexo "da consciência alienada dos homens" que se afastam do mundo real para refugiar-se em mundos imaginários.

Porém, a dialética, para Marx, não abrange apenas o campo das doutrinas filosófico-políticas, mas todo o mundo real e a natureza inteira são dialéticos. O aparecimento da vida explica-se por "um salto qualitativo e evolutivo" do mundo inorgânico para o vivo. A dialética é a causa do movimento ascensional que estabelece a hierarquia dos seres a partir dos inanimados até as manifestações mais elevadas do espírito como sensações, consciência, pensamentos e sentimentos. Evidentemente, esta teoria da natureza inspira-se amplamente na dialética hegeliana; mas uma diferença fundamental distingue a dialética de Marx da de Hegel: a primeira é a dialética do mundo real e a segunda, do mundo abstrato; ambas, porém, colocam no fundo da realidade a dinâmica "da afirmação, negação e negação da negação" que é, segundo Engels, "uma lei geral eficaz que rege o desenvolvimento da natureza, da história e do pensamento".

Sem dúvida, a lei da dialética tem a mesma força em Hegel e Marx, porém, com uma profunda diferença no início e no fim. No início, para Hegel, "o espírito projeta-se na natureza". Para Marx, no início era a realidade material, a natureza. Isto não faz muita diferença. A total divergência está no fim do processo histórico. Para Hegel, a história é um processo de desdobramento da liberdade que chega à plenitude no Estado onde vigora o Direito. Portanto, a liberdade plena está na integração na sociedade civil dirigida por leis. Ora, esta é a meta da sociedade burguesa, diz Marx; para ele, a marcha da história vai em direção de uma sociedade sem classes, uma sociedade que não precisa de um Estado forte porque se sustenta nas relações sociais: são estas que garantem a coesão dos cidadãos. Vale recordar aqui as teses nove e dez sobre Feuerbach: no lugar da "sociedade civil, (burguesa), o materialismo moderno e científico coloca a sociedade humana ou a humanidade socializada".

Segundo Marx, o processo dialético da natureza produziu a consciência; neste momento, começou a história da qual o protagonista é o homem. Este, mergulhando nas realidades naturais, exerce sobre elas a atividade consciente e produtiva para tirar seu sustento. Porém, a filosofia omitiu a base real da história: os filósofos nunca entenderam que é a atividade prática que produz e transforma as condições de existência, conforme a lei geral da dialética. Esta é a sorte da *Filosofia da história* de Hegel que "não gira em torno de interesses reais, nem mesmo dos interesses políticos, mas em torno de pensamentos puros". Para Marx, os homens fazem a história agindo sobre os acontecimentos.

Engels acrescenta em *Feuerbach e o fim da filosofia clássica*: "a história da sociedade difere essencialmente da história do desenvolvimento da natureza. Nesta os fatores que atuam são todos agentes inconscientes e cegos; ao contrário, na história da sociedade os agentes são pessoas dotadas da consciência que agem com reflexão e paixão em busca de seus fins; porém, esta distinção importante não altera o fato de que o curso da história é conduzido por leis gerais incontroláveis e de caráter intrínseco; também aqui parece reinar um certo destino, em que pese aos fins conscientemente desejados pelos indivíduos; na maioria das vezes os fins se entrecruzam e se contradizem. Por isso, em seu conjunto, os fatos históricos também parecem estar presididos por certa fatalidade onde, na superfície, parece reinar a causalidade (da decisão humana), mas, no fundo, é governada por leis internas ocultas". Mas Engels não é fatalista em relação à história humana. Diz ele mais adiante: "se quisermos procurar as causas matrizes que estão por trás das motivações que levam o homem a agir na história, não há que fixar-se tanto nas motivações dos indivíduos isolados, mas nos homens que agem sobre as grandes massas (líderes) com ações continuadas das quais resultam grandes mudanças na história que ninguém planejou".

Portanto, as leis do acontecer histórico humano não são deterministas e fatais como as leis da natureza. Não impedem a ação livre, consciente de cada homem; porém, a decisão individual acontece no contexto social mais amplo dirigido pelos líderes históricos, políticos, pelos cientistas que, com suas descobertas, mudam o curso da história humana.

13.9 Conclusão

O sentido da história, para Marx, é inteiramente construído pela sociedade humana por meio dos embates culturais econômicos, religiosos e políticos que ela mesma cria e tenta administrar. Aqui está o pleno desenvolvimento da tese de Vico: a liberdade e a criatividade do homem são responsáveis pelos acontecimentos no mundo. Marx acrescenta: "sem intervenção de forças superiores".

Esta afirmação levou muitos escritores a definir Marx como "ateu", "materialista". Mas sem razão. Todos os escritos de Marx revelam que ele foi um extraordinário humanista, que lutou pela "humanidade socializada", unida numa sociedade coesa não tanto através de leis, mas, sim, de "relações sociais", sem distinção de classes e com ampla participação igualitária na distribuição dos bens.

Por isso, Marx é um grande filósofo político que propõe uma ética social igualitária, sem individualismos. Esta visão ético-política coincide com a melhor tradição bíblica.

Este é o verdadeiro Marx que aparece no fundo de todos os seus escritos. Mas muitos intérpretes deram mais importância ao estilo de Marx do que a seu conteúdo. Ele escreveu no estilo de uma época e no calor de grandes debates sociais em toda a Europa de seu tempo. Descontado o estilo empolgado e desafiador, restará o Karl Marx autenticamente humano e amante da justiça, igualdade e solidariedade entre todos os seres humanos indistintamente.

Este Marx é digno da melhor tradição política dos gregos e da autêntica pregação bíblica dos profetas, especialmente o último, Jesus, o homem de Nazaré.

LEITURA DE TEXTOS DE MARX
1) Das teses sobre Feuerbach
Tese 1

O principal defeito de todo materialismo até aqui (incluindo Feuerbach) consiste em que o objeto, a realidade, a sensibilidade, só é apreendido sob a forma de *objeto ou de intuição*, mas não como *atividade humana sensível*, como *práxis*, não subjetivamente. Eis por que, em oposição ao materialismo, o aspecto *ativo* foi desenvolvido de maneira abstrata pelo idealismo, que, naturalmente, desconhece a atividade real, sensível, como tal. Feuerbach quer objetos sensíveis – realmente distintos dos objetos do pensamento: mas não apreende a própria atividade humana como atividade *objetiva*. Por isso, em *A essência do cristianismo*, considera apenas o comportamento teórico como o autenticamente humano, enquanto que a práxis só é apreciada e fixada em sua forma fenomênica judaica e suja. Eis por que não compreende a importância da atividade "revolucionária", "prático-crítica".

Tese 2

A questão de saber se cabe ao pensamento humano uma verdade objetiva não é uma questão teórica, mas *prática*. É na práxis que o homem deve demonstrar a verdade, isto é, a realidade e o poder, o caráter terreno de seu pensamento. A disputa sobre a realidade ou não realidade do pensamento isolado da práxis é uma questão puramente *escolástica*.

Tese 3

A doutrina materialista sobre a alteração das circunstâncias e da educação esquece que as circunstâncias são alteradas pelos homens e que o próprio educador deve ser educado. Ela deve, por isso, separar a sociedade em duas partes, uma das quais é colocada acima da sociedade.

A coincidência da modificação das circunstâncias com a atividade humana ou alteração de si próprio só pode ser apreendida e compreendida racionalmente como *práxis revolucionária*.

Tese 4
Feuerbach parte do fato da autoalienação religiosa, da duplicação do mundo em religioso e terreno. Seu trabalho consiste em dissolver o mundo religioso em seu fundamento terreno. Mas o fato de que este fundamento se eleve de si mesmo e se fixe nas nuvens como um reino autônomo só pode ser explicado pelo autodilaceramento e pela autocontradição desse fundamento terreno. Este deve, pois, em si mesmo, tanto ser compreendido em sua contradição, como revolucionado praticamente. Assim, por exemplo, uma vez descoberto que a família terrestre é o segredo da sagrada família, é a primeira que deve ser teórica e praticamente aniquilada.

Tese 5
Feuerbach, não satisfeito com o *pensamento abstrato*, quer a *intuição*; mas não apreende a sensibilidade como atividade *prática*, humano-sensível.

Tese 6
Feuerbach dissolve a essência religiosa na essência *humana*. Mas a essência humana não é uma abstração inerente ao indivíduo singular. Em sua realidade, é o conjunto das relações sociais.

Tese 7
Por isso, Feuerbach não vê que o próprio "sentimento religioso" é um produto social e que o indivíduo abstrato por ele analisado pertence a uma forma determinada de sociedade.

Tese 8
Toda vida social é essencialmente *prática*. Todos os mistérios que levam a teoria para o misticismo encontram sua solução racional na práxis humana e na compreensão dessa práxis.

Tese 9
O extremo a que chega o materialismo intuitivo, isto é, o materialismo que não apreende a sensibilidade como atividade prática, é a intuição dos indivíduos singulares e da sociedade civil.

Tese 10
O ponto de vista do velho materialismo é a sociedade civil; o ponto de vista do novo é a sociedade humana ou a humanidade social.

Tese 11
Os filósofos se limitaram a *interpretar* o mundo de diferentes maneiras; o que importa é *transformá-lo*.

2) Da ideologia alemã
a) Contra Hegel e os hegelianos

Até em seus últimos esforços, a crítica alemã não abandonou o terreno da filosofia. Longe de examinar seus pressupostos filosóficos gerais, todas as suas questões brotaram de um sistema filosófico determinado, o sistema hegeliano. Não apenas em suas respostas, mas já nas próprias questões, havia uma mistificação. Essa dependência de Hegel é a razão pela qual nenhum desses novos críticos tentou uma crítica de conjunto do sistema hegeliano, embora cada um deles afirme ter ultrapassado Hegel.

b) Pressupostos reais da história

Os pressupostos de que partimos não são arbitrários, nem dogmas. São pressupostos reais de que não se pode fazer abstração a não ser na imaginação. São indivíduos reais, sua ação e suas condições materiais de vida, tanto aquelas por eles já encontradas como as produzidas por sua própria ação. Estes pressupostos são, pois, verificáveis por via puramente empírica. O primeiro pressuposto de toda história humana é naturalmente a existência de indivíduos humanos vivos. O primeiro fato a constatar é, pois, a organização corporal destes indivíduos e, por meio disto, sua relação dada com o resto da natureza.

Somos forçados a começar constatando que o primeiro pressuposto de toda a existência humana e, portanto, de toda a história, é que os homens devem estar em condições de viver para poder "fazer história". Mas, para viver, é preciso antes de tudo comer, beber, ter habitação, vestir-se e algumas coisas mais. O primeiro ato histórico, uma condição fundamental de toda a história, que ainda hoje, como há milhares de anos, deve ser cumprido todos os dias e todas as horas, simplesmente para manter os homens vivos.

c) As ideias nascem da atividade produtiva

A estrutura social e o Estado nascem constantemente do processo de vida de indivíduos determinados, mas destes indivíduos não como podem aparecer na imaginação própria ou alheia, mas tal e como *realmente* são, isto é, tal e como atuam e produzem materialmente e, portanto, tal e como desenvolvem suas atividades sob determinados limites, pressupostos e condições materiais, independentes de sua vontade.

A produção de ideias, de representações, da consciência, está, de início, diretamente entrelaçada com a atividade material e com o intercâmbio espiritual dos homens; aparecem aqui como emanação direta de seu comportamento material. O mesmo ocorre com a produção espiritual, tal como aparece na linguagem da política, das leis, da moral, da religião, da metafísica etc. de um povo.

Será necessária uma profunda inteligência para compreender que, com a modificação das condições de vida dos homens, das suas relações sociais, da sua existência social, também se modificam suas representações (*Vorstellungen*), suas concepções e seus conceitos, numa palavra, sua consciência?

O que demonstra a história das ideias senão que a produção intelectual se transforma com a produção material? As ideias dominantes de uma época sempre foram apenas as ideias da classe dominante.

Fala-se de ideias que revolucionam uma sociedade inteira; com tais palavras exprime-se apenas o fato de que, no interior da velha sociedade, formaram-se os elementos de uma sociedade nova e a dissolução das velhas ideias acompanha a dissolução das velhas condições de existência.

A transformação em larga escala não pode ser obra de um ou de poucos atores. A transformação da sociedade só se pode operar por um movimento prático, por uma *revolução*; esta revolução é necessária, entretanto, não só por ser o único meio de derrubar a classe *dominante*, mas também porque apenas uma revolução permitirá à classe que *derruba a outra* varrer toda podridão do velho sistema e tornar-se capaz de fundar a sociedade sobre bases novas.

O primeiro passo na revolução operária é a elevação do proletariado ao nível da classe dominante, pela conquista da democracia socialista.

O proletariado utilizará seu domínio político para arrancar pouco a pouco todo o capital à burguesia, para centralizar todos os instrumentos de produção nas mãos do Estado, ou seja, do proletariado organizado como classe dominante, e para aumentar o mais rapidamente possível a massa das forças produtivas.

3) Do manifesto comunista

Um espectro ronda a Europa – o espectro do comunismo. Todas as potências da velha Europa uniram-se numa santa caçada a esse espectro: o papa e o czar, Metternich e Guizot, radicais franceses e policiais alemães.

Duas conclusões decorrem desse fato.

O comunismo já é reconhecido como potência por todas as potências europeias.

Já é tempo de os comunistas exporem abertamente, ao mundo inteiro, seu modo de ver, seus objetivos, suas tendências, opondo à lenda do espectro do comunismo um manifesto do próprio partido.

4) Princípios do comunismo
(texto de Friedrich Engels de 1847)

1) Pergunta: O que é comunismo?

Resposta: O comunismo é a doutrina das condições de libertação do proletariado.

2) Pergunta: O que é proletariado?

Resposta: O proletariado é a classe da sociedade que retira sua subsistência unicamente da venda de seu trabalho e não do lucro de um capital qualquer; a classe cujo bem-estar, cuja vida e cuja morte, cuja existência toda depende da demanda de trabalho, quer dizer, da alternância de bons e maus períodos de negócios, das flutuações de uma concorrência desenfreada. O proletariado ou a classe dos proletários é, numa palavra, a classe trabalhadora do século XIX.

3) Pergunta: Nem sempre, portanto, existiram proletários?
Resposta: Não. Classes pobres e trabalhadoras sempre existiram, e na maior parte das vezes as classes trabalhadoras foram pobres. Porém, pobres como esses, trabalhadores como esses, vivendo nas condições acima indicadas, quer dizer, proletários, não existiram sempre, do mesmo modo que a concorrência nem sempre foi livre e desenfreada.

Século XXI

Lutamos para curar doenças apenas para descobrir outras novas. Criamos tecnologias que pretendem simplificar nossas vidas, mas passamos cada vez mais tempo no trabalho. Pior ainda: tem sempre tanta coisa nova e tentadora no mercado que fica impossível acompanhar o passo da tecnologia.
A ciência não contrariou nossas expectativas. Imagine um mundo sem antibióticos, TVs, aviões, carros. As pessoas vivendo no mato, sem os confortos tecnológicos modernos, caçando para comer. Quantos optariam por isso?
A culpa do que fazemos com o planeta é nossa, não da ciência.
Marcelo Gleiser (físico)

14
SÉCULO XXI: TEMPO DA CIÊNCIA E DO PROGRESSO
Trans-humanismo?

14.1 Introdução

Convém recordar que, na filosofia hegeliana da história, o Espírito inconsciente irrompe na natureza e, em longas etapas evolutivas manifesta-se nas formas de vida. Espírito inconsciente no início da humanidade, alcançando níveis sempre mais altos até tornar-se razão totalmente consciente e livre na Idade Moderna; razão livre encarnada no Estado de Direito, donde se originam todos os Estados atuais constitucionais.

Como Hegel definiria este início do século XXI? Talvez afirmaria que entramos na era da razão científica ou da tecnociência e do progresso sem fim, sem limites; ficaria, talvez, decepcionado ao constatar que, no lugar da liberdade absoluta por ele anunciada no século XIX, hoje, neste início do século XXI, vigora a submissão dos povos e a pobreza para muitos milhões de cidadãos. Isto é, a razão tecnocientífica, "astuciosamente", deixou Hegel a pensar quimeras abstratas...

14.2 Tempo da ciência

Quero iniciar recordando a pergunta central a que chegaram cientistas em dois congressos: um de biólogos realizado em 1975, e o segundo de especialistas em computação no ano de 2009. Em ambos os eventos chegou-se a esta pergunta: deveremos pensar em algum limite para a pesquisa científica? Estes limites seriam de ordem ética ou meramente sociopolíticos? A quem caberá tomar esta decisão: aos próprios cientistas ou a uma autoridade externa ao campo científico?

Em julho de 2009, a "Associação para o Avanço da Inteligência Artificial" realizou um congresso nos Estados Unidos (Califórnia). Os participantes vinham todos da área de computação, robótica e inteligência artificial. O congresso realizou-se em Asilomar, onde, em 1975, cientistas em biologia deram início aos projetos de engenharia genética, hoje na vanguarda da ciência. Naquela ocasião, já distante no tempo, discutiu-se a possibilidade de modificar as formas de vida, vegetal, animal e humana, através da troca de material genético entre organismos diferentes. Não escapou aos biólogos que neste tipo de pesquisa vêm embutidos muitos problemas éticos: será ético mudar nossa identidade biológica e natural? Que tipo de humanos a biologia poderá produzir? Serão ainda seres humanos?

Estas perguntas importantes sugerem limites nas pesquisas biológicas, coisa que não é muito do interesse dos pesquisadores. Quem estabelecerá os limites? Com que autoridade? Seriam limites ditados por filósofos, por governantes, líderes religiosos? De qualquer forma, a ideia de limites na pesquisa científica esteve bem presente aos congressistas em biologia dos anos de 1970. Esta mesma pergunta dos limites éticos circulou fortemente no congresso de cientistas em computação em julho de 2009, sobre a inteligência artificial. Impressionam alguns exemplos. Há tipos de robôs capazes de abrir uma porta e procurar uma tomada de luz, por "decisão" própria, sem, portanto, intervenção da inteligência natural. Igualmente aviões, não tripulados, parecem "decidir" autonomamente sobre a conveniência ou não de destruir uma base inimiga. Há também vírus de computador que parecem modificar-se por "decisão própria", driblando a mente natural.

Estes avanços fantásticos em computação comportam também problemas. Não podem evitar perguntas semelhantes às dos biólogos: estaria o ser humano perdendo o controle da máquina que criou? Os sistemas de computação são usados livremente pela sociedade com muitas vantagens, rapidez e conforto; mas podem ser usados também pelos inimigos da sociedade ameaçando destruir cidades inteiras; isto é, nas mãos desta gente o sistema computacional pode converter-se em arma mortal. Na era eletrônica as pessoas se sentem mais livres beneficiadas por aparelhos que facilitam a vida moderna. Por outro lado, cresce nas pessoas a sensação da perda cada vez maior da privacidade e da segurança em seu próprio lar. Igualmente, a robótica já fez milhões de desempregados em todo mundo. Em décadas passadas, na construção de um prédio trabalhavam centenas de operários que levavam anos para a conclusão da obra. Hoje se faz a mesma obra com dez operadores de máquinas que entregam em meses a construção.

Alguns cientistas da computação imaginam que será, um dia, possível uma proliferação, uma "explosão" da inteligência artificial que seria capaz de produzir "máquinas inteligentes" que construiriam outras máquinas ainda mais inteligentes; imaginação que foi popularizada pela literatura de ficção e pelo cinema.

Por muito tempo, este sonho de alguns cientistas ficará animando ficções. Mas não são ficção os problemas éticos levantados no parágrafo anterior através de exemplos que acontecem cada dia. Por isso, os cientistas em computação colocaram, em 2009, a mesma pergunta dos biólogos dos anos 70 do século passado: teremos que pensar em limites éticos para a pesquisa científica? Quais? Que autoridades determinarão estes limites? Estaria o ser humano perdendo o controle da máquina que construiu?

14.2.1 *O valor da inteligência*

Antes de prosseguir é oportuna uma parada reflexiva sobre a força da inteligência natural. A realidade mais admirável que existe não é a imensidão do céu rodando vertiginosamente, nem os mares, a beleza de tantos panoramas naturais, mas acima de tudo isto está o esplendor desta coisa única no universo: nossa inteligência, celebrada por Kant na conclusão da *Crítica da razão prática* (como vimos no capítulo sobre Kant). Sim, somos o único ser pensante no universo. Seu estudo ou meditação nos lança para a infinitude até a divindade e para a profundidade do mundo subatômico e, especialmente, nos eleva acima das leis de nossa biologia e nos introduz no campo onde vigora a lei moral, diz Kant.

Esta nossa dimensão maior e única, hoje, pesquisada por cientistas como foi pelos filósofos de todos os tempos. Ao lado desta inteligência viva, natural que tanto nos enche de admiração, crescem os estudos sobre a inteligência artificial e muitos temem que esta, um dia, suplante aquela. Reflitamos um pouco sobre a inteligência natural e sua relação com a inteligência artificial.

Em todos os tempos os pensadores distinguiram, na inteligência, várias maneiras de entender as coisas: a inteligência meditante, calculante, a intuitiva e emocional. A inteligência calculante esforça-se por chegar a conclusões certas como as deduções matemáticas, a geometria ou o princípio metafísico da existência: um ser não pode existir e não existir ao mesmo tempo. Exemplos extraordinários deste tipo de inteligência são Aristóteles, Tomás de Aquino, Kant, Einstein e todos os cientistas modernos e contemporâneos, que buscam a certeza nos conhecimentos.

O segundo modo é a inteligência meditante. A inteligência medita sobre o sentido das coisas no contexto global: que sentido, que significado tem o ser humano no universo? Esta forma de inteligência não define, em primeiro lugar, o que cada coisa é (pergunta do metafísico, cientista calculante, matemático), mas tenta descobrir sua função, seu papel no conjunto dos outros seres. Pensadores deste tipo foram Platão, Sócrates, Santo Agostinho, Pascal, Hegel, Marx, e, hoje, Heidegger e Bergson.

A inteligência intuitiva é, talvez, uma composição das duas anteriores. Em todo caso, este tipo de inteligência vai direto ao fundo das coisas, sem longas deduções, sem etapas e passos a percorrer: mergulha direto no que as coisas são e que sentido fazem na totalidade do mundo. É claro que todos os pensadores anteriormente citados, em algum momento, tiveram intuições.

Mas este tipo de pensamento é bastante claro nos místicos, poetas, músicos e santos de todos os credos. Eles tinham total evidência do que são as coisas deste mundo, para que servem e para onde nos levam. Por isso, suas preleções atingiam em profundidade a mente dos seus seguidores que as aceitavam imediatamente como verdades autoevidentes. Foram os sucessores destes profetas que criaram as doutrinas nacionalizadas e longas listas de preceitos.

A quarta modalidade é a inteligência emocional, muito semelhante à intuitiva. Parece que ela fala diretamente à nossa sensibilidade exterior. Assim, o romance, as novelas, os filmes e a arte passam mensagens profundas através dos sentidos. Deste tipo são também as fábulas, as metáforas e as narrações míticas.

Estas quatro maneiras de abordar nossa inteligência natural ficariam ridículas se as destacássemos do mistério insondável que é nossa mente. Todas as nossas descrições são meras aproximações didáticas para dizer alguma coisa sobre esta realidade abismal.

Pois bem, em nossos dias, juntaram-se aos filósofos de todos os tempos também os cientistas que abordam a mente em pesquisas laboratoriais. Seu projeto é investigar formas de inteligência artificial. Certamente a robótica é um artifício construído por pessoas com muita inteligência natural. Um computador é uma espécie de inteligência artificial. É evidente que esta máquina facilita muitíssimo a vida moderna: com ela fazemos contas bancárias, compras, o correio virou eletrônico etc. A internet é o dicionário mais completo do mundo e a biblioteca universal que abriga os livros do passado mais longínquo e as últimas publicações.

O advento da inteligência artificial criou perplexidade em muitas pessoas; será que nossa mente funciona como uma máquina? Seremos, de fato, um robô? O que restaria de nossa mente que, em todos os tempos, foi tida como espírito no homem? São perguntas inquietantes e nada destituídas de propósito; pelo contrário, colocam perguntas da maior profundidade, como veremos nas páginas que seguem.

14.3 Ciência e técnica

A história moderna foi definitivamente marcada por algumas revoluções científicas. A primeira, a mais estrondosa, aconteceu no século XVII com a ruptura do paradigma cosmológico: a terra deixava de ser o centro do universo como sempre acreditaram filósofos, teólogos, livros sagrados, mitos e o senso comum. Esta descoberta irretorquível da ciência encerrou concepções filosóficas do mundo, intocáveis desde Platão, Aristóteles e Ptolomeu, desmontou doutrinas teológicas e mudou até o modo de ler e entender a Bíblia: "esta não ensina como giram os céus, mas como se vai para o céu", sentenciava Galileu. Esta foi a grande revolução do mundo físico com enormes reflexos nas outras formas de saber.

A segunda revolução científica está em curso: a revolução biológica que, nos últimos 40 ou 50 anos, revelou leis da vida e explicou fenômenos que antes atribuímos a forças divinas. Para a ética chamam muito a atenção as modificações da vida. Começou com a modificação da estrutura genética de vegetais, em seguida a dos animais e, mais recentemente, a dos seres humanos: já se fala em "construir o homem no laboratório". Enfim, tudo isto possibilita projetos de reengenharia da natureza humana. O que poderá suceder? Haverá, um dia, dois tipos de seres humanos, um natural e o outro produzido em laboratório? A ficção científica e o cinema já estão trabalhando esta imaginação.

O mundo aplaudiu a primeira revolução: mudava a concepção do mundo físico e colocava problemas teóricos de adaptação das concepções filosóficas até então produzidas. Na segunda revolução aplaudimos o aprofundamento da genética dos vegetais e dos animais. Agora que a ciência biológica alcançou as estruturas humanas, começamos a levantar perguntas, tais como, a que resultados chegaremos no médio e longo prazos? Mudaremos nossa identidade biogenética? Estamos jogando xadrez com os demônios? Estas perguntas, que revelam espanto e angústia, deixam implícitas muitas questões éticas para nós, filósofos, cientistas, religiosos e cultores da ética.

Naturalmente, a biotecnologia humana nos acena com um futuro brilhante; vida longa e saudável, livre de doenças ainda incuráveis no presente, e promessa do controle da senescência. Sabemos, porém, que este "admirável novo mundo biológico" levanta inevitáveis questões éticas, jurídicas, políticas e teológicas. É por isso que muitos países já possuem alguma forma de legislação sobre o uso de vários resultados da biotecnologia humana, como a proibição da clonagem, a limitação da pesquisa com células-tronco embrionárias em casos estabelecidos em lei, e todas as teorias de bioética.

Há bastante tempo apareceram os profetas deste mundo humano do futuro. É de 1932 o *Admirável mundo novo* de Aldous Huxley, onde o autor imagina a reprodução humana não mais de modo natural, mas *in vitro*; imaginou também a droga da felicidade para todas as pessoas e a modificação de nossos comportamentos através de hormônios artificiais etc. Em 1949, George Orwell publicou *1984*, onde imaginava a instauração de um governo central autoritário que abolia a privacidade dos cidadãos através de uma imensa rede de informações. Enfim, a biotecnologia como aplicação prática das teorias científicas, desencadeou um imenso progresso no estudo da vida vegetativa, animal e humana e, ao mesmo tempo, levantou problemas éticos nunca imaginados.

Antes deste aprofundamento abismal, o progresso era externo e mecânico, que consistia em reforçar e ampliar nossas capacidades corporais. Assim, o avião nos deu asas para voar e superar distâncias, em poucas horas, como nenhum pássaro pode fazer; o automóvel aumentou extraordinariamente nossa capacidade de locomoção terrestre; o telescópio potenciou nosso olho para vermos "a infinitude" cósmica, e o microscópio mostra o mundo infinitamente pequeno dos micro-organismos, os genes, e o mundo subatômico. No mesmo sentido vão o telefone, a televisão e os computadores que nos põem em contato com os confins do mundo, como eventos esportivos vistos e ouvidos no instante que acontecem.

Estes estupendos avanços periféricos, nas últimas décadas, deslocaram-se para as profundezas da genética, iniciando o controle do processo da vida em seus mais recônditos inícios e possibilitaram o gerenciamento da nossa estrutura biológica pela seleção genética, produção de hormônios do crescimento e pelo controle do esforço muscular, especialmente para as pessoas de idade avançada e pelas técnicas de reprodução assistida.

14.3.1 Aspectos éticos

Todos estes maravilhosos progressos colocaram o ser humano nas suas próprias mãos. Nunca tivemos tanto poder sobre nós mesmos. O homem, de fato, pode decidir como ele quer ser e viver. É neste ponto que intervém a outra componente de nosso ser, a mente. Até aqui tratamos das profundezas da parte biológica do ser humano, campo especialmente caro aos biólogos. A dimensão mental, outra componente da mesma estrutura humana, é a capacidade de entender, refletir e definir rumos e, finalmente, decidir trilhá-los. Pela mente se conduz o biólogo nas suas pesquisas, e é a mesma mente que conduz os astrônomos a percorrer o universo. Então esta poderosíssima energia funciona como luz dos sábios, biólogos ou cosmólogos, e como guia de todos os seres humanos. Tudo isto, da nossa abismal profundidade genética à nossa capacidade mental de pensar os confins do universo, fez de nós uma realidade tão complexa e misteriosa que nenhum dos nossos saberes e nem o conjunto deles pode abrangê-la por inteiro. É esta totalidade que biólogos, e cosmólogos deveriam ter presente, o que nem sempre ocorre.

Esta existência complexa desafia também juristas, eticistas, bioeticistas, teólogos e filósofos que em todos os tempos formularam teorias metafísicas, teológicas, jurídicas e políticas para entender alguma coisa do ser humano e organizar uma convivência civilizada.

Podemos concentrar todos estes esforços sob a denominação geral de ética e bioética. Realmente, os estudos éticos ganharam nova vida nestas últimas décadas de espetacular avanço da biologia. Numa descrição bem larga e abrangente podemos afirmar que a bioética é, em primeiro lugar, o estudo ético da vida nas suas três formas conhecidas: vegetativa, animal e humana. A segunda parte desta descrição é o meio ambiente onde a vida se cultiva. Portanto, a bioética é realmente cósmica, pois abrange tudo o que forma o ambiente onde cresce a vida. Por isso, nosso ambiente, a terra, o sol, ar e água são necessários à vida. Então o avanço da ciência biológica provoca o advento da bioética, e esta irrigou a ética geral. De fato, agora a ética filosófica tornou-se verdadeiramente universal.

Todas as teorias éticas passadas, grega, medieval e moderna, referiam-se exclusivamente à vida inteligente, humana, até mais ou menos os anos 50 do século XX, ou apenas 50 ou 60 anos atrás. Esta ampliação da abrangência ética tornou-se premente com os progressos da biologia e com a devastação do meio ambiente, do ar, água, terra e minérios. Todas estas preocupações são, portanto, bem recentes, e nos obrigaram a passar da ética da universalidade restrita à universalidade cósmica. Ou seja, o universo da ética era só a humanidade; sempre se referiu só a este ser pensante. Agora, como vimos, a universalidade é total: tudo o que existe no cosmos tem valor, qualidade e dignidade ética, em si mesmo.

As teorias da bioética começaram a aparecer apenas nos anos 70 do século XX, 40 anos atrás. A mais antiga e conhecida é a chamada bioética principialista que trabalha com quatro princípios: beneficência, não maleficência, autonomia e justiça. São quatro princípios fáceis de reter e bem práticos, aplicados especialmente no âmbito da saúde humana: hospitais, laboratórios de pesquisa biológica, laboratórios farmacêuticos.

Estes princípios são, às vezes aplicados mecanicamente, quase sempre tomados isoladamente e usados como simples normas práticas. Na verdade, este reducionismo esconde a origem e a profundidade dos quatro princípios. O primeiro mestre a trabalhar na arte médica à luz da beneficência foi Hipócrates, que nos legou sua prática na forma de juramento, até hoje repetido pelos formandos em medicina. Foi Platão que deu ao bem uma formulação metafísica. A autonomia ganhou máxima expressão e evidência na Idade Moderna, quando Kant a colocou no centro da ética: o ser humano é *autonomos* ou aquele que dá a si mesmo a norma ética como imperativo intransponível, categórico. Na prática bioética, a autonomia garante à pessoa que ninguém fará uma pesquisa, uma intervenção médica em seu corpo sem o seu consentimento livre e esclarecido. E todos os projetos de pesquisas em seres humanos ou com material humano, sangue, esperma, óvulos, por exemplo, devem ser acompanhados de um termo de consentimento livre e esclarecido do sujeito da pesquisa.

A justiça, o mais difícil destes princípios, é tema de ética desde Aristóteles até os autores de ética e política em nossos dias, como John Rawls. Em bioética, o princípio de justiça determina que o poder público crie condições de atendimento médico para todos os cidadãos em hospitais, ambulatórios e outras casas de saúde. A justiça, pela biopolítica, exige suficiente orçamento público para fazer atendimento universal.

Com princípios semelhantes, o biodireito rege a ética dos animais, e da biodiversidade de vegetais, bem como do meio ambiente que deve ser respeitado para que ele continue a abrigar as formas de vida.

Todo o esforço ético é reconhecido como fundamental à existência da vida e do meio ambiente. A história, antiga e recente, ensina e adverte que nossa capacidade de decidir, nossa energia mais forte e mais preciosa, pode ser usada para construir ou destruir. Fatos recentes da história ainda clamam contra o uso discricionário do poder e da liberdade de decisão do homem. O avião, estupendo meio de locomoção, é usado também como arma devastadora de populações; a energia nuclear, capaz de iluminar cidades e países inteiros, porque serve também para destruir milhões de vidas. Hoje, os avanços biotecnológicos têm o nobilíssimo propósito de curar doenças físicas e mentais; mas, ao mesmo tempo, podem ser usados por alguns pesquisadores para tentar a eugenia da espécie humana, introduzindo modificações gênicas absurdas como fizeram os nazistas.

A bioética foi criada exatamente para prevenir estes desvios hediondos.

14.4 Transcendência e pós-humanismo

14.4.1 *Intuições e ficções científicas*

Comecemos do ponto mais simples e óbvio: os biocientistas distinguem entre terapia e aperfeiçoamento da vida. A terapia, na tradição médica, é a cura de enfermidade para que a pessoa volte ao estado normal de higidez. Já o aperfeiçoamento ultrapassa este limite e intervém na estrutura biopsíquica, tendendo melhorá-la. Certamente, as terapias curativas são sempre, *a priori*, desejáveis e éticas, mas os aperfeiçoamentos das estruturas genéticas colocam sérios problemas científicos e éticos, pois não se sabe que efeitos poderão aparecer a médio prazo e, muito menos, nas gerações futuras distantes. Por exemplo, os cientistas não esperavam que a ovelha Doly, cuja clonagem despertou muitos interesses e esperanças, fosse morrer de "velha" em apenas seis anos.

Ainda mais delicada é a intervenção na genética humana, pois não envolve apenas biologia, mas muitas questões morais que não podem ser avaliadas por técnicas laboratoriais, mas por conceitos éticos, filosóficos, religiosos, jurídicos e políticos, que não visam limitar o esforço da ciência e nem o legítimo desejo humano de transcender-se; podem, porém, limitar o uso dos resultados científicos. A ciência é livre na pesquisa, mas o uso de seus produtos depende da sociedade.

Sempre a humanidade, desde a Antiguidade, pensou numa forma de superação de seus limites. Sente em si uma potencialidade que pode levá-la além do que ela é hoje. O platonismo e depois o estoicismo acreditavam que a inteligência humana vinha de uma região divina e para lá voltaria. É a transcendência metafísica: *non totus moriar* era a esperança que animava Platão, Plotino e suas escolas. A era judeu-cristã aperfeiçoou esta expectativa à luz da Bíblia, segundo a qual o homem tem um destino eterno não só no espírito, mas também no corpo, no fim dos tempos: é a transcendência teológica.

Estes conceitos foram modificados na Era Moderna, quando a filosofia, por primeiro, distanciou-se da tese cristã da unidade intrínseca da alma e corpo formando uma só realidade, a pessoa. Descartes, por exemplo, considerava o corpo uma máquina um pouco mais perfeita que as outras. A alma ocupava um lugar na base do cérebro, de onde emitia seus comandos ao mecanismo corporal. Só ela é perfectível, "só ela é capaz de transcender-se". Já para Jean-Jacques Rousseau, o ser humano é "um animal perfectível", portanto, capaz de transcender-se pela produção de instrumentos que fortalecem o corpo e pela cultura, educação e política que elevam a alma.

Na transição do Iluminismo para a filosofia contemporânea, Nietzsche, no *Assim falou Zaratustra*, profetiza o "advento do super-homem" que terá qualidades morais muito superiores às nossas. Concluindo, a filosofia moderna propõe uma transcendência imanente do homem; isto é, seu destino seria um contínuo melhoramento e progresso no tempo: é a ideia de um ser que progride, indefinidamente. A ideia de progresso indefinido da filosofia moderna substituiu a finitude da história e da vida humana, defendidas pela metafísica e teologia do mundo antigo.

Estas crenças religiosas e abstrações filosóficas caíram como uma luva na mão dos biólogos contemporâneos, que não se interessam nem pelas propostas da transcendência eterna e nem da transcendência temporal pelo progresso da cultura; no lugar de tudo isto, eles perseguem uma transcendência biológica. A ciência pesquisa a maneira de potenciar, reforçar as qualidades de nossa vida biológica e psíquica: seria o trans-humanismo científico que reforça o homem pela aplicação de técnicas e drogas farmacêuticas capazes de melhorar saúde, longevidade, bem-estar corporal e felicidade. Para alcançar estas metas, a biologia recorre a exames genéticos, pré-natais, uso de drogas para apagar memórias indesejáveis, como a lembrança da morte de amigo ou de um desastre; serve-se também do controle genético para detectar doenças, determinar sexo, cor dos olhos e ministrar substâncias que alteram a massa muscular etc.

Assim, o trans-humanismo pretende libertar o homem, ajudando-o a transpor, transcender a submissão, até agora incondicional, às leis biológicas da evolução da vida. Alguns pesquisadores acreditam que, em breve, dominarão todas as conexões sinápticas do cérebro, o que tornaria possível uma réplica exata do cérebro humano que poderia funcionar dentro de um computador; seria um "cérebro pensante mecânico" com a chance de durar indefinidamente.

Portanto, a tendência pós-humanista entende ajudar o ser humano a transcender sua dependência determinista às leis biológicas só agora detectadas e controladas pela ciência.

Outra tendência pós-humanista entende que a vida está ameaçada por poderosas forças externas naturais, como bactérias, que provocam o aumento de novas enfermidades de difícil controle. A ciência biológica humana tenta criar condições de montar um escudo de proteção para as novas condições adversas que possam surgir.

Ademais, alguns biólogos acreditam que estão em condições de criar seres "pós-humanos" mais fortes e mais saudáveis, com sensibilidade mais desenvolvida que a atual; aumentariam também a capacidade mental de controlar as emoções e, sobretudo, garantir um maior potencial intelectual. Seria um real aprimoramento da nossa espécie, inclusive na sua dignidade ética; estes cientistas acreditam que, na era da ciência, a dignidade consiste em ser o que somos (seres biológicos) mais o desenvolvimento científico do potencial que está em nossos genes. O sistema ético também seria ampliado, incluindo no espaço ético pessoas tecnicamente modificadas e pessoas naturais: seria uma nova ética para os tempos da biotecnologia humana.

14.5 Considerações éticas

Evidentemente o pós-humanismo é ainda um sonho, uma ficção de alguns cientistas. Além das dificuldades científicas para encontrar os caminhos da concretização deste projeto, existe a imensa dificuldade de transpor outros setores não menos científicos, que trabalham sobre o ser humano como a filosofia, a ética, teologias, direito, a sociedade jurídica e política. A biotecnologia humana, portanto, não está sozinha no labor do aprimoramento do ser humano. Não podemos pensar na modificação da natureza humana olhando "esta corporeidade biológica" só sob aspecto científico. São muito sérias e severas as perguntas: o ser humano geneticamente modificado será ainda um ser de nossa espécie? Não será ele um robô? Será uma "máquina pensante"? Um supercomputador? O editor da *Enciclopédia de bioética*, Stephen Post, com toda razão, sugere que o pós-humanismo não passa de um "cientificismo" que ignora a contextualização da existência humana; para ele o pós-humanismo visa substituir o ser humano natural pelo "ser humano tecnologicamente construído". Numa palavra, esta reengenharia abandona a vida humana natural para cultivar a "robótica humana".

Por tudo o que dissemos da existência humana, por trás desta crítica pertinente, encontra-se uma estrutura humana muito mais profunda. O biocientista não pode ignorar outras realidades tão presentes no homem quanto seus genes e DNA. Esta profundidade biológica, legitimamente explorada pelo cientista, não exclui a dimensão da razão, da consciência, da liberdade. Estas realidades têm, certamente, uma raiz biológica, mas escapam do campo da experiência da ciência laboratorial. É preciso recorrer a outro saber, filosófico, para tratar delas. Por exemplo, o biocientista pode melhorar a felicidade humana no nível biológico: o bem-estar corporal com saúde, integridade física, a superação medicamentosa de angústias psíquicas; mas escapam de sua área a felicidade de espírito que a fé produz na radicalidade de ser humano; escapa-lhe a análise da alegria pela liberdade política; escapam-lhe a imaginação poética, artística, e os enlevos da música; escapam-lhe as profundidades metafísicas alcançadas por pensadores antigos e contemporâneos. Ciência empírica nenhuma tem competência para tratar disso.

A paz de espírito filosófica e a felicidade religiosa não nascem de genes, mas do sentido que cada um de nós confere à sua vida. Isto é, a paz e a felicidade interferem sobre a estrutura psicocorporal do homem, mas se originam na filosofia de vida das pessoas. Outra vez, estas realidades escapam do exame laboratorial do cientista, e nem por isso deixam de ser realidades internas do homem tanto quanto seus genes e DNA. Todas estas são dimensões do mesmo ser biológico estudado pelo cientista; um verdadeiro cientista não ignora isto e nem um autêntico filósofo deixará de reconhecer a profundidade da biologia humana, tarefa do cientista. Enfim, nem o geneticista pode ignorar a razão, a consciência e a liberdade em nome do cientificismo e nem o filósofo pode isolar-se num abstracionismo celestial.

A realidade humana é mais complexa que isto. Ela se transcende sempre; transcende-se na genética pelo aprofundamento de nossas estruturas biológicas; transcende-se na racionalidade pela cultura, produzindo teorias filosóficas, criando religiões, produzindo ciência, arte, música e poesia; transcende-se ainda pela convivência social e pela política. É isto tudo que modifica o ser humano, mantendo sua identidade original. Estamos bem longe do homem primitivo; se ele saltasse por cima dos milênios e viesse ao século XXI, provavelmente diria que isto que ele encontra agora não é mais um homem, mas uma espécie de divindade.

Esta é a transcendência que mantém a identidade radical; o dito homem pós-humano leva mais jeito de "robô pensante", "máquina mais inteligente" que um computador, mas nunca um ser humano desenvolvido a partir de um óvulo e esperma.

14.6 Conclusão

Isto tudo faz pensar que é preciso agir com sabedoria e prudência em se tratando do ser humano sumamente complexo, síntese que é da matéria e espírito, de tempo e eternidade, de biologia e história. A sabedoria manda tomá-lo como um todo, biológico e racional, que forma uma totalidade inesgotável qualquer que seja a abordagem, biológica ou filosófica.

A sabedoria nos convida, biólogos e filósofos, a confessar nossa ignorância face à totalidade que nós somos. Daqui, desta compreensão de totalidade, deduz-se a prudência ética no tratamento deste ser. A prudência sugere decisões ponderadas, equilibradas na análise científica ou filosófica do homem; sugere que não consideremos as respostas científicas em biologia como reveladoras da totalidade humana, do mesmo modo que a racionalidade, a liberdade e a consciência não são todo o homem. Isto é, a prudência sugere que tomemos equilibradamente estas respostas, o que significa reconhecer o limite delas. Isto é que é tratar eticamente as coisas humanas.

Enfim, é bem-vindo e louvável que os trans-humanistas entendam melhorar nossas possibilidades biológicas para que tenhamos vida mais longa e saudável; queiram potenciar também nossas capacidades de inteligência, memória e agilidade nas decisões. Mas quando os cientistas falam da "mente computadorizada" certamente se entende "memórias armazenadas" num aparelho como a "memória" do computador; pois é impossível imaginar que uma máquina produza a "mente viva", capaz de argumentar, raciocinar, criticar, mudar compreensões e construir novas teorias; esta é uma área inacessível à pesquisa laboratorial físico-biológica e só abordável por outra via, a metafísica.

Certamente é acessível à pesquisa científica a tentativa de verificar se, durante o exercício da mente, manifesta-se alguma alteração neuronal. Por exemplo, é possível que, durante a ação mediúnica na qual o médium inconscientemente psicografa uma mensagem do além-mundo, haja uma alteração neuronal que o cientista registra. Este tipo de pesquisa laboratorial é estupendo; ele se coloca na tradição multimilenar dos filósofos que se esforçam, até hoje, para explicar a relação entre a mente espiritual e a condição corporal do homem. Nenhum filósofo conseguiu elaborar uma teoria filosófica plenamente confiável; por isso, há que saudar o pesquisador laboratorial que, por via científica, chega às mesmas perguntas dos metafísicos. Numa palavra final, este debate sinaliza para a urgência da integração dos saberes, na certeza que todos eles colaborem para desvendar o mistério da vida e do existir social. Mais uma vez, a sabedoria filosófica e metafísica não colide com a ciência e tecnologia empíricas, hoje dominantes; ambas, sabedoria e ciência, são produzidas pela mente investigadora do ser humano. Por isso, seria absurdo que elas não convivessem no projeto de fazer o ser humano sempre mais feliz e conhecedor dos mistérios da natureza e da biologia humana.

Progresso ou regresso?

Existimos nessa fronteira, não muito bem delineada, entre o material e o espiritual. Somos criaturas feitas de matéria, mas temos algo mais. Somos átomos animados capazes de autorreflexão, de perguntar quem somos. Devo dizer, de saída, que espiritual não implica algo sobrenatural e intangível. Uso a palavra para representar algo natural, mesmo intangível, pelo menos por enquanto.
Marcelo Gleiser (físico)

15
PROGRESSO OU REGRESSO?

15.1 Transcendência e liberdade: conflito de símbolos

Ao longo das teorias do tempo e da história, duas forças estiveram sempre presentes: a transcendência e a liberdade. A intensidade de sua ação no mundo variou de uma doutrina para a outra, de uma época para outra, ora prevalecendo uma, ora outra.

Nas teorias do tempo cíclico a transcendência era a referência fundamental, princípio e fim de tudo. Atuou na história dos homens e da natureza de três modos mais significativos. Em primeiro lugar, a mente humana entendeu que secretas realidades governavam o mundo, como o Demiurgo platônico, que construiu e governou todas as coisas. Já os estoicos entenderam que a natureza é o poder que determina inexoravelmente todas as leis do cosmo e da vida humana em seus mínimos detalhes comportamentais.

Nestas duas teorias circulares, o espaço da liberdade era mínimo. O único ato livre consistia em "decidir submeter-se ao que a natureza determinara, irrecorrivelmente desde sempre". E se alguém decidisse resistir a natureza o arrastaria.

Com o advento do cristianismo melhorou o espaço da liberdade. A transcendência queria o homem como um colaborador, um parceiro na obra criadora; a liberdade humana era guardiã do Éden criado pela força divina.

Na Modernidade prevaleceram as teorias lineares do tempo e da história, mais ou menos a partir de Vico. Aqui se inverteram os papéis; enquanto a transcendência ia se retirando, a liberdade ocupava mais e mais espaços. Hegel, na *Fenomenologia do espírito*, celebrou o triunfo final da liberdade, ficando a transcendência como uma vaga referência inicial, do tempo originário.

Os tempos moderno e contemporâneo vivem a contínua ascensão da razão livre, agora instaurada como providência leiga. O homem recriou o mundo à sua semelhança: juntou as populações no espaço das cidades urbanizadas. Pela ciência explora o micro e macrocosmo. Pela biologia vai descobrindo os mais arcanos caminhos da vida, modifica plantas e animais segundo seus interesses e já tem condições para clonar-se, fazer órgãos de reposição a partir de células-tronco adultas e embrionárias. Através de processos químicos obriga a terra a produzir sempre mais e sem descanso seres transgênicos. Globaliza a economia num só plano, onde o homem e a sociedade dependem da vontade de poucos.

Portanto, vivemos no tempo em que a liberdade criativa do homem é também, ao mesmo tempo, providência universal: ou, dito de outro modo, tempo de declínio da transcendência e de forte ascensão da liberdade, reinado absoluto da razão livre. Governa a história através da economia globalizada e de organizações internacionais como a ONU com suas ramificações: Organização Mundial da Saúde, Organização Internacional do Trabalho, Unesco, FAO. As sociedades querem ser laicas, independentes de qualquer controle de forças superiores; este distanciamento consta oficialmente da Constituição de cada país e aparece, em nossos dias, de forma aguda no conflito com símbolos de duas grandes comunidades religiosas: a busca islâmica e o crucifixo cristão. A tendência é de retirar dos lugares públicos estes sinais em nome da laicidade do Estado. Finalmente, criou também um novo deus: o mercado com suas divindades auxiliares: o dinheiro, os meios de produção e o consumo. Portanto, chegamos, no século XXI, à imanência radical e plenamente autossuficiente.

Haverá um caminho para retomar a relação da liberdade, agora onipotente, com a transcendência? Por enquanto parece que não. A razão livre não chegou ao fim de sua corrida para o bem-estar, construído pelas infinitas utilidades e consumo das mesmas. O modelo econômico, hoje único em todo o mundo, parece ter fôlego para, ainda, muitas décadas. Mas a inteligência pouco a pouco descobrirá que os bens de consumo que geram bem-estar não são suficientes para saciar o desejo humano. Este será o momento em que começará o retorno da liberdade à transcendência, dia em que o homem entenderá, por experiência vivida, que o bem-estar é limitado e que o desejo humano quer mais, quer viver bem; um viver bem que gera felicidade. Viver bem é viver feliz numa sociedade justa, ensina Aristóteles.

É possível que, depois de um longo caminho passando entre tantas ofertas, o homem voltará à sua interioridade sem excluir a exterioridade, pois ele é carne e osso, coisa entre as coisas, e não anjo. Pela interioridade inteligente descemos aos primórdios da matéria, ao *big-bang* e subimos ao cosmo de incontáveis galáxias em contínua expansão. Nossa interioridade convive com a transcendência cósmica.

Pela intuição pode ir ainda além e elevar-se a uma infinitude onde já não há realidade material, mas só o espírito. Esta experiência foi vivida muito antes de nós por Platão, Aristóteles, Agostinho e Kant, que a descreve na belíssima conclusão da *Fundamentação da metafísica dos costumes*.

Portanto, a interioridade inteligente do homem constrói o mundo material, governa-o adaptando-o a seus interesses de bem-estar. Pela mesma interioridade pode elevar-se ao mundo espiritual que gera o sentimento de felicidade ou o bem viver. Em outras palavras, o bem-estar e o bem viver são o começo da felicidade possível no tempo histórico.

Portanto, para ascender à transcendência, não é preciso professar uma religião, mas é suficiente redescobrir a interioridade, verdadeira plataforma para a transcendência, como fizeram os sábios acima citados, os poetas, os artistas, os músicos e os místicos.

Aqui, transcendência significa sabedoria, sabedoria do bem viver no tempo histórico. Esta é a vida eticamente feliz, possível neste mundo finito. Se além desta finitude há a infinitude, uma transcendência absoluta, só a fé religiosa poderá dizer. Mas viver eticamente feliz já é um enorme resultado, procurado por todas as éticas antigas, modernas e contemporâneas. Enfim, a ética reúne liberdade e transcendência vividas na interioridade humana e no convívio justo, solidário e pacífico na sociedade do bem-estar e do bem viver.

Aqui está uma interpretação mais satisfatória à pergunta colocada na introdução deste livro: o homem está progredindo ou regredindo? Agora, a resposta é: depende do exercício da razão livre ou da interioridade do ser humano que é sua luz e guia na navegação ao longo do tempo, ora de bonança, ora de tempestade. Quando um ser humano consegue aliar bem-estar e bem viver, dizemos que ele é feliz porque vive equilibradamente, sabendo dar valor aos bens e utilidades temporais subordinadas ao bem viver que é sabedoria e justiça social, virtudes máximas da ética milenar. Se a esta ética, que alia imanência dos bens materiais com a transcendência da interioridade (razão e liberdade), o ser humano cultivar também a transcendência absoluta numa profissão de fé religiosa, seu caminhar na história ficará ainda mais seguro, firme e luminoso. É a via do progresso com solidariedade e justiça.

Este é o caminho desejável para todo ser humano. Para que isto aconteça temos o auxílio da ética e das confissões de fé. Entretanto, a razão livre pode seguir pela via da imanência absoluta do bem-estar incondicional, quanto maior, tanto melhor; então a orientação ética pouco contará e não haverá surpresa se o ser humano, que escolhe esta via, chegar à escuridão existencial sem rumo e sem horizonte, via do regresso e da injustiça.

Então o progresso ou regresso não está em saber se adotamos um modelo filosófico que inclua a transcendência ou fica só na imanência; está porém na escolha, na decisão e ação da razão livre para construir uma convivência global justa.

15.2 Conclusão

Talvez, hoje, no 3º milênio, tenhamos alcançado a adolescência da razão livre; idade da trepidação, das descobertas, dos avanços de toda ordem. Mas, com toda nossa agitação e criatividade, apenas vislumbramos a existência de algo originário na aurora dos tempos donde se origina o tempo histórico em que vivemos e nos agitamos endereçados para um possível *telos* igualmente oculto.

Isto é, a natureza toda mais se esconde do que se mostra. Nossas ciências se esforçam para lançar luz na escuridão cósmica; os grandes avanços realizados pela Física, Biologia, Química ainda são insuficientes; nem se fala dos poucos avanços das Ciências Humanas, Filosofia, História, Ética e Religiões: mais misterioso que a natureza é o ser humano.

Conclusão

O momento está chegando para um novo tipo de espiritualidade, que nos levará a uma existência mais equilibrada, onde o material e o espiritual mantêm um balanço dinâmico. O material sem o espiritual é cego, e o espiritual sem o material é fantasia. Nossa humanidade reside na interseção dos dois.
Marcelo Gleiser (físico)

Conclusão
Três mundos partidos

Acabamos de navegar pela história, nos últimos dois a três milênios. Passamos por muitas concepções do universo e comentamos cinco delas: Eterno retorno, Destino, Acaso, Desígnio inteligente e o Progresso nos últimos cinco séculos.

Às vezes pensamos que quase todas estas teorias ficaram para trás por serem errôneas, míticas, metafísicas ou supersticiosas; vivendo na era do saber científico e objetivo, tendemos a relegar ao passado o mundo imaginário dos primeiros tempos: um arquivo morto.

Não é bem assim. As cinco teorias percorridas convivem no nosso presente, com maior ou menor influência, com poucos ou muitos adeptos.

A Teoria do Eterno Retorno está presente não só em teorias filosóficas, em Nietzsche, por exemplo, mas também, e fortemente, no inconsciente histórico da humanidade que aflora na consciência de tanto em tanto: convicções que o mundo acabará e retornará outra vez. Exemplo disto é a imagem bíblica do dilúvio universal que afogou a humanidade, menos uns poucos a partir dos quais tudo recomeçou. Está presente, no inconsciente histórico, o milenarismo; na passagem do primeiro milênio da nossa era houve muitos suicídios "para não ver os horrores do fim do mundo". Dez anos atrás, na passagem do segundo milênio, jornais, livros, meios de comunicação, teólogos e macumbeiros comentaram o receio de muitas pessoas em todo o mundo de que o fim do mundo estaria iminente. Hoje há gente acreditando que, em 2012, o mundo acabará conforme as doutrinas da civilização maya.

Muito forte, até nossos dias, é a crença no Destino. Tudo o que acontece, acontece porque assim estava destinado desde sempre; o Destino nos fez nascer e o Destino nos matará do modo já estabelecido, doença, desastre, atentado. O mito das Parcas, que tecem e cortam o fio da vida, é vivido hoje com outros nomes, imagens literárias e crenças, como "Deus me chama quando quiser", "ninguém morre antes da hora", "se Deus quiser" etc.

Mais persistente e divulgada é a Teoria do Acaso. Tudo acontece por acaso, desde o *big-bang* até o aparecimento da inteligência e o fim do mundo. Muitos cientistas e filósofos são adeptos desta doutrina. Há sábios e matemáticos que constroem teorias sobre a possibilidade de prever acontecimentos futuros pelo cálculo das probabilidades.

A doutrina do Desígnio inteligente é de enorme atualidade nesta fase científica da história, onde teólogos e cientistas discutem ardorosamente. Os dogmatismos cegos de ambos os lados não entendem como Newton e Galileu, que eram grandes sábios, e, ao mesmo tempo, crentes fervorosos; estes dois crentes acreditavam poder provar cientificamente que Deus fez o mundo com cálculo matemático. De que Deus tem um plano para cada pessoa e para o mundo faz parte da milenar tradição cristã popular.

Estamos mergulhados na imanência absoluta do mundo dos valores econômicos globalizados que enriquecem poucos e algumas empresas e empobrecem milhões de pessoas, Estados e comunidades em todo mundo. A ciência física e biológica, com seus feitos extraordinários, aumenta a confiança do homem sempre mais poderoso na dominação da natureza: a produção desenfreada gera um consumismo desvairado e insaciável. É uma rotatividade autoimpulsionada, fora do controle da inteligência.

O progresso é linear: avança transcendendo o progresso anterior: é uma transcendência linear sem fim. Por exemplo, em poucas décadas passamos do telefone fixo para o orelhão na praça pública, e daí para o celular, um telefone em cada bolso e bolsa; do rádio evoluímos para a imagem televisiva e, agora, para a internet. Tudo isto é muito bom, gera bem-estar e utilidades conforme prega o utilitarismo ético e político. Vivemos na era da razão calculante.

Mas, aos poucos, fazemos a experiência de que o bem-estar não é suficiente para o desejo humano que demanda mais; mais o quê? Felicidade. Ora, esta se encontra na interioridade, na transcendência média, onde tomamos decisões éticas e orientações filosóficas globais. Hoje, sabemos que o mundo interior precisa do exterior. É a retomada da razão meditante no conjunto do universo.

Em síntese, o progresso ilimitado contribui para levar o homem para fora de si. A ética, por exemplo, até a Idade Moderna nascia na interioridade: para os gregos era a prática das virtudes da justiça e prudência; para os cristãos está na prática da fé; para os modernos, na consciência moral. Hoje a ética descola-se da interioridade e tornou-se o respeito dos direitos humanos do mundo objetivo da imanência absoluta, externa. Mas Kant aponta o caminho da interioridade, na *Fundamentação da metafísica dos costumes*, e comemora assim: "duas coisas enchem o ânimo de admiração: o céu estrelado acima de mim, e a lei moral dentro de mim; ambas não estão fora do meu horizonte; antes, vejo-as perante mim e religo-as imediatamente com a consciência de minha existência. A primeira começa no lugar que eu ocupo no mundo e no exterior. A segunda começa no meu invisível eu, na minha personalidade e me coloca num mundo que tem a verdadeira infinidade; o que eleva infinitamente o meu valor como inteligência na qual a lei moral me revela uma vida independente da animalidade e de todo mundo sensível". É assim que Kant celebra a passagem da imanência absoluta do mundo à transcendência de nossa interioridade. As duas esferas não se conflitam, mas convivem: nossa transcendência interior não existe sem a imanência do mundo onde estamos plantados como todos os seres naturais. A linda descrição kantiana nos leva a comparar nossa interioridade a um ponto de observação da profundidade da nossa mente onde lemos o mundo exterior e sobre ele construímos teorias científicas que nos revelam as leis que governam o mundo físico e biológico; e por nossa inteligência criamos concepções filosóficas do universo, doutrinas teológicas, teorias da história, das ciências sociais e econômicas e políticas.

Portanto, nós, como seres naturais vivos, estamos intrinsecamente incorporados no mundo, sujeitos às mesmas leis da física e da biologia. Para os antigos filósofos, platônicos especialmente, estar inserido no mundo físico era um pesadelo, fazia mal à alma. Hoje superamos este conflito. Como seres naturais pensantes, transcendemos o mundo e estamos sujeitos a outro tipo de lei que denominamos lei moral, a qual regula o exercício de nossa liberdade. Esta lei só existe em nós porque só nós somos capazes de pensar; lei moral da liberdade que nos insere na infinitude da nossa interioridade sem eliminar a exterioridade. Do mundo interior se ocuparam em insuperável profundidade os sábios da Antiguidade e da Modernidade. Aristóteles considera que a inteligência elabora os conceitos supremos da filosofia: a verdade, a justiça, o bem e o belo; elabora-os a partir da observação do mundo exterior: uma integração harmoniosa entre imanência do mundo e a transcendência da nossa interioridade. O mestre Platão, do qual Aristóteles foi discípulo por vinte anos, situava na parte superior do cosmo os supremos conceitos de Verdade, Justiça, Bem e Belo que eram divinos, e deles nossa mente se recordava ao ver a beleza, o bem e a justiça deste mundo.

Somos, portanto, como realidade biológica, imanentes ao mundo e, ao mesmo tempo, transcendentes pela nossa interioridade livre. Somos, digamos assim, uma transcendência média, imersa no cosmo e, ao mesmo tempo, fora dele como observadores; filósofos, cientistas, sociólogos, teólogos, etc.

Pela transcendência média que observa o mundo, somos capazes de nos elevar a um terceiro nível, a transcendência absoluta, despida de todo tipo de materialidade e que, por isso, não podemos observar e nem descrever, mas que as crenças religiosas e a fé na palavra profética acreditam alcançar.

Platão, na Antiga Grécia, e Santo Agostinho, no início da Era Cristã, foram os maiores mestres da transcendência absoluta. Leiamos uma passagem de Agostinho: "divagamos pelas coisas corporais até ao próprio céu donde o sol e a lua iluminam a terra. Subimos mais em espírito e chegamos à nossa alma (transcendência média); passamos por ela para atingir a região inesgotável da Verdade, da Vida e da Sabedoria (transcendência absoluta) por quem tudo foi criado; ela existe como sempre foi e como sempre será; antes, nela não há ter sido nem haver de ser, pois simplesmente é, por ser eterna" (*Confissões*, IX, 10).

Portanto, habitam em nós três mundos: o mundo físico da imanência absoluta, o mundo interior, transcendência média, e o mundo divino ou transcendência absoluta só acessível pelas crenças e apenas sinalizado pela metafísica.

Da Antiguidade Clássica até o fim da Idade Moderna (talvez até Hegel) estes três mundos conviviam através da metafísica ou pela fé. O mundo contemporâneo dissociou estas três realidades. Uma nova metafísica do mundo, do homem e da história está apenas começando a partir de quatro temas: a existência das coisas materiais e humanas; a temporalidade e o fluir de todas as coisas (ciências física e biológica); as relações que se estabeleceram entre humanos e as coisas (ética); e o sentido do universo, da existência humana e da história (metafísica). Sobretudo a pergunta pelo sentido pode ser a base de uma ontologia do cosmos e da interioridade humana. Pela nova metafísica, talvez possamos sinalizar para a transcendência absoluta.

É possível que o século XXI recomponha a unidade dos três mundos de uma nova maneira sugerida pelos saberes contemporâneos, pela ciência, pela metafísica, pela ética em nova concepção (dinâmica e sem normas fixas) e pelas teologias inspiradas na firmeza da fé interpretada à luz dos saberes contemporâneos. Nas primeiras décadas a integração permanecerá difícil porque estamos muito presos à ideia de progresso linear: produzir sempre mais para consumir mais. Por ora, a transcendência é o progresso material, econômico, científico, político e organizacional em escala planetária que, no fim, gera milhões de seres humanos explorados, submissos. Mas um dia entenderemos que o bem-estar material é importante e necessário, mas insuficiente para realizar a nossa aspiração à felicidade. Talvez este momento marcará o início da reintegração dos três mundos, de um modo novo, bem diferente do modelo metafísico de

Platão e de Agostinho, e da modernidade iluminista. A reintegração, mais do que pelas religiões dogmáticas, dar-se-á, creio, pela via da ética universal que cabe toda nas três orientações: justiça universal, solidariedade com todos os seres do universo e paz entre os povos. Será a ética da justiça, da solidariedade e da paz antropocósmica.

Se assim for, teremos chance de realizar o *desideratum* do cientista, o físico Stephen Hawking: "Se o universo é contido em si mesmo, sem borda e sem fronteira, não teria começo nem fim, simplesmente seria. Neste caso, qual o lugar de um criador? Se descobrirmos uma teoria completa, filósofos, cientistas e o público leigo tomariam parte na discussão de por que o universo e nós existimos. Se encontrarmos a resposta seria o grande triunfo da razão humana, pois então conheceríamos a mente de Deus (conclusão do livro *Uma breve história do tempo*). Portanto, teríamos entendido, momentaneamente, o sentido do universo, da existência humana e do fluir da história.

Fig. 8

REFERÊNCIAS

AGOSTINHO, S. *A Cidade de Deus*. Petrópolis: Vozes, 2000 [Trad. de Oscar Paes Leme].

_____. *As confissões*. Porto: Ap. da Imprensa, 1981.

ARISTÓTELES. *Ética a Nicômaco*. Brasília: UnB, 1985.

ASH, W. *Marxismo e a moral*. Rio de Janeiro: Zahar, 1965 [Trad. de Waltensir Dutra].

BAYSON, B. *Breve história de quase tudo*. São Paulo: Companhia das Letras, 2006 [Trad. de Ivo Korystowski].

BORNHEIM, G. *Os filósofos pré-socráticos*. São Paulo: Cultrix, 1990.

BRÁHIER, E. *Les stoiciens*. Paris: Gallimard, 1962.

CAVALCANTE, J.S. et al. *Os pré-socráticos*. São Paulo: Abril, 1978 [Col. Os Pensadores].

COLLINS, F. *A linguagem de Deus*. São Paulo: Gente, 2007 [Trad. de Giorgio Cappelli].

ENGELS, F. & MARX, K. *Manifesto do Partido Comunista*. Bragança Paulista: Edusf, 2005 [Trad. de Marcos Aurelio Nogueira].

GLEISER, M. *O fim do céu e da terra*. São Paulo: Companhia das Letras, 2001.

GOLDSCHIMIT, V. *Le système stoicien*. Paris: Vrin, 1980.

HAWKING, S. *Uma nova história do tempo*. Rio de Janeiro: Ediouro, 2005 [Trad. de Vera Paula de Assis].

_____. *Os gigantes da ciência*. São Paulo: Campus, 1992.

HEGEL, G.W.F. *Introdução à filosofia da história*. Lisboa: Ed. 70, 1995 [Trad. de Artur Morão].

_____. *Introdução à história da filosofia*. Lisboa: Ed. 70, 1991 [Trad. de Artur Morão].

_____. *Droit naturel et science de l'état*. Paris: Vrin, 1989.

_____ *La phenomenologie de l'ésprit*. Paris: Aubier-Montaigne, 1970.

_____. *Principes de la philosophie du droit*. Paris: Gallimard, 1940.

ILDEFONSE, F. *Os estoicos*. São Paulo: Estação Liberdade, 2007 [Trad. de Mauro Pinheiro].

KANT, I. *Crítica da razão prática*. Lisboa: Ed. 70, 1986 [Trad. de Artur Morão].

_____. *Fundamentação da metafísica dos costumes*. Lisboa: Ed. 70, 1960 [Trad. de Paulo Quintela].

MARX, K. *A ideologia alemã*. São Paulo: Ciências Humanas, 1979 [Trad. de José Carlos Bruni].

_____. *Manuscritos econômicos e filosóficos*. São Paulo: Abril, 1974 [Trad. de José Carlos Bruni – Col. Os Pensadores].

PENEDOS, A.J. *Introdução aos pré-socráticos*. Porto: Rés, 2001.

RICHARD, D. *Deus, um delírio*. São Paulo: Companhia das Letras, 2009 [Trad. de Fernanda Ravanani].

_____. *O gene egoísta*. São Paulo: Companhia das Letras, 2008 [Trad. de Rejane Rubino].

PLATÃO. *Obras completas*. Madri: Aguilar, 1969.

VICO, G. *A nova ciência*. São Paulo: Abril, 1974 [Trad. de Antonio L. Almeida Prado – Col. Os Pensadores].

ÍNDICE

Sumário, 9

Introdução, 11

Parte I – Tempo, temporalidade e historicidade, 15
  1 Concepções do mundo, 17
    1.1 Eterno retorno, destino, desígnio?, 17
    1.2 Tempo e história, 23
      1.2.1 Universo cíclico, 25
      1.2.2 Universo bíblico, 26
      1.2.3 Universo da morte térmica, 26
      1.2.4 Universo estacionário, 26
  2 A flecha do tempo, 28
  3 O que sabemos do tempo e no tempo?, 31
    3.1 Tempo e saber, 33
    3.2 Teleologia, 35
    3.3 Conclusão, 36
  4 Temporalidade da ética, 39
    4.1 Ciência e ética, 40
    4.2 Ética prudencial, 42
    4.3 Ética relacional, 44
    4.4 Ética planetária, 45
    4.5 Conclusão, 49

5 A história tem sentido? – Será o homem a dar sentido ao cosmos?, 50
   5.1 Três perguntas, 50
   5.2 Filosofia da história e historiografia, 54
   5.3 Conclusão, 57

Parte II – Os pensadores do tempo, 59
  6 Heráclito: tempo de descida e tempo de subida, 61
    6.1 A tese fundamental, 62
    6.2 Rio e fogo: mutabilidade universal, 62
    6.3 O círculo cósmico, 63
    6.4 O *logos*, 64
    6.5 A apreciação das coisas, 65
    6.6 Tempo e mobilidade, 66
    6.7 Lugar do homem no *cosmos*, 66
    6.8 Conclusão, 67
    Leitura de textos de Heráclito, 68
  7 Platão: a construção do universo, 73
    7.1 Construção do mundo, 73
    7.2 Lugar do homem, 75
    Leitura de textos de Platão, 77
  8 Estoicos: destino cósmico, 83
    8.1 Física: princípio ativo e passivo do universo, 84
    8.2 A ética, 87
    Leitura de textos dos estoicos, 93
  9 Agostinho de Hipona: duas cidades, 105
    9.1 História cristã e história universal, 107
    9.2 Esboço de *A Cidade de Deus*, 111
    9.3 Observação crítica, 114
    Leitura de textos de Agostinho, 115

Parte III – Transição para o tempo da liberdade e do progresso – Ética dos direitos universais, 131
  10 Vico: instauração da liberdade, 137
      10.1 Os princípios da história, 137
      10.2 A providência, 141
      10.3 Dialética: *verum et factum*, 142
      10.4 Verdade e religião, 143
      10.5 *Corsi* e *ricorsi*: eterno retorno, 145
      10.6 Síntese e conclusão, 147
      Leitura de textos de Vico, 148
  11 Kant: segredos da natureza, 157
      11.1 Introdução, 157
      11.2 Plano da natureza, 158
      11.3 Princípios da filosofia da história, 159
      11.4 O direito das nações, 165
      11.5 Conclusão, 168
      Leitura de textos de Kant, 169
  12 Hegel: astúcias da razão e liberdade, 175
      12.1 Introdução, 175
      12.2 Princípios da filosofia da história, 175
      12.3 Desdobramento dos princípios, 177
      12.4 Filosofia da história, 177
      12.5 A liberdade, 179
      12.6 Astúcias da razão, 179
      12.7 O Estado como fim da história, 180
      12.8 Uma marcha dialética, 182
      12.9 Conclusão, 184
      Leitura de textos de Hegel, 186

13 Marx: filosofia da história social – Nova humanidade, 193
    13.1 Desdobramento da tese, 194
    13.2 Aplicação destas premissas à vida real da sociedade, 196
    13.3 Dialética, a lei da história, 197
    13.4 Nova revolução copernicana, 198
    13.5 A alienação do espírito e do homem, 199
    13.6 Algumas alienações, 200
        13.6.1 Alienação religiosa, 200
        13.6.2 Alienação do trabalho, 201
        13.6.3 Alienação do Estado, 201
    13.7 As teses sobre Feuerbach, 202
        13.7.1 – Sociedade civil (burguesa) e o novo socialismo (humanidade socializada), 205
    13.8 Síntese: o conhecimento crítico, 206
    13.9 Conclusão, 209
    Leitura de textos de Marx, 210

14 Século XXI: tempo da ciência e do progresso – Trans-humanismo?, 217
    14.1 Introdução, 217
    14.2 Tempo da ciência, 217
        14.2.1 O valor da inteligência, 219
    14.3 Ciência e técnica, 222
        14.3.1 Aspectos éticos, 224
    14.4 Transcendência e pós-humanismo, 227
        14.4.1 Intuições e ficções científicas, 227
14.5 Considerações éticas, 229
14.6 Conclusão, 231

15 Progresso ou regresso?, 235
15.1 Transcendência e liberdade: conflito de símbolos, 235
15.2 Conclusão, 238

Conclusão – Três mundos partidos, 241

Referências, 247

CULTURAL

Administração
Antropologia
Biografias
Comunicação
Dinâmicas e Jogos
Ecologia e Meio Ambiente
Educação e Pedagogia
Filosofia
História
Letras e Literatura
Obras de referência
Política
Psicologia
Saúde e Nutrição
Serviço Social e Trabalho
Sociologia

CATEQUÉTICO PASTORAL

Catequese
Geral
Crisma
Primeira Eucaristia

Pastoral
Geral
Sacramental
Familiar
Social
Ensino Religioso Escolar

TEOLÓGICO ESPIRITUAL

Biografias
Devocionários
Espiritualidade e Mística
Espiritualidade Mariana
Franciscanismo
Autoconhecimento
Liturgia
Obras de referência
Sagrada Escritura e Livros Apócrifos

Teologia
Bíblica
Histórica
Prática
Sistemática

REVISTAS

Concilium
Estudos Bíblicos
Grande Sinal
REB (Revista Eclesiástica Brasileira)
SEDOC (Serviço de Documentação)

VOZES NOBILIS

Uma linha editorial especial, com importantes autores, alto valor agregado e qualidade superior.

VOZES DE BOLSO

Obras clássicas de Ciências Humanas em formato de bolso.

PRODUTOS SAZONAIS

Folhinha do Sagrado Coração de Jesus
Calendário de Mesa do Sagrado Coração de Jesus
Folhinha do Sagrado Coração de Jesus (Livro de Bolso)
Agenda do Sagrado Coração de Jesus
Almanaque Santo Antônio
Agendinha
Diário Vozes
Meditações para o dia a dia
Guia do Dizimista
Guia Litúrgico

CADASTRE-SE
www.vozes.com.br

EDITORA VOZES LTDA.
Rua Frei Luís, 100 – Centro – Cep 25689-900 – Petrópolis, RJ – Tel.: (24) 2233-9000 – Fax: (24) 2231-4676
E-mail: vendas@vozes.com.br

UNIDADES NO BRASIL: Aparecida, SP – Belo Horizonte, MG – Boa Vista, RR – Brasília, DF – Campinas, SP
Campos dos Goytacazes, RJ – Cuiabá, MT – Curitiba, PR – Florianópolis, SC – Fortaleza, CE – Goiânia, GO
Juiz de Fora, MG – Londrina, PR – Manaus, AM – Natal, RN – Petrópolis, RJ – Porto Alegre, RS – Recife, PE
Rio de Janeiro, RJ – Salvador, BA – São Luís, MA – São Paulo, SP
UNIDADE NO EXTERIOR: Lisboa – Portugal